16	3	2	13
5	10	11	8
9	6	7	12
4	15	14	1

Henrique Cazes

CHORO
DO QUINTAL AO MUNICIPAL

5ª edição revista e ampliada

editora■34

EDITORA 34

Editora 34 Ltda.
Rua Hungria, 592 Jardim Europa CEP 01455-000
São Paulo - SP Brasil Tel/Fax (11) 3811-6777 www.editora34.com.br

Copyright © Editora 34 Ltda., 1998
Choro: do quintal ao Municipal © Henrique Cazes, 1998

A FOTOCÓPIA DE QUALQUER FOLHA DESTE LIVRO É ILEGAL E CONFIGURA UMA APROPRIAÇÃO INDEVIDA DOS DIREITOS INTELECTUAIS E PATRIMONIAIS DO AUTOR.

Edição conforme o Acordo Ortográfico da Língua Portuguesa.

Capa, projeto gráfico e editoração eletrônica:
Bracher & Malta Produção Gráfica

Revisão:
Magnólia Costa
Alexandre Barbosa de Souza
Carmen T. S. Costa

1ª Edição - 1998, 2ª Edição - 1999, 3ª Edição - 2005,
4ª Edição - 2010, 5ª Edição - 2021

Catalogação na Fonte do Departamento Nacional do Livro
(Fundação Biblioteca Nacional, RJ, Brasil)

        Cazes, Henrique, 1959
C386c   Choro: do quintal ao Municipal / Henrique
        Cazes; prefácio de Hermano Vianna. — São Paulo:
        Editora 34, 2021 (5ª Edição).
        232 p. (Coleção Todos os Cantos)

        ISBN 978-85-7326-105-9

            1. Choro (Música). I. Vianna, Hermano.
        II. Título. III. Série.

                  CDD - 784.500981

CHORO: DO QUINTAL AO MUNICIPAL

Prefácio, *Hermano Vianna*	7
1. Nasce a música popular no Rio de Janeiro e no mundo	15
2. Callado, a flauta e a música dos chorões	21
3. Anacleto de Medeiros, os chorões e as bandas	27
4. Chiquinha & Nazareth, o piano e a música dos chorões	33
5. As gravações mecânicas	39
6. O violão brasileiro	45
7. Surge Pixinguinha	51
8. Paris e Argentina, confusões e influências	57
9. São os do Norte que vêm	63
10. "Carinhoso" e "Lamentos", revolução no Choro	69
11. Percussão no Choro	77
12. O rádio e a fixação do formato "regional"	83
13. Garoto e o Choro em São Paulo	91
14. Jacob, o Choro levado a sério	99
15. "Brasileirinho": o Choro faz sucesso	107
16. A roda de Choro ontem e hoje	113
17. Os sopristas do Choro e o jazz	119
18. *Suíte Retratos*: semente de mudanças	127
19. Época de Ouro: Jacob encontra a fórmula	133
20. Quinteto Radamés, o Choro e a modernidade	139
21. Anos 1970, o ressurgimento	147
22. Canhoto da Paraíba e o Choro nordestino	153
23. Os festivais de Choro no Rio e em São Paulo	159
24. Joel Nascimento & Déo Rian, a difícil herança de Jacob	167
25. Camerata Carioca: o Choro chega ao Municipal	173
26. Choro cantado, um assunto polêmico	181
27. Oficinas e livros, o Choro vai à escola	189
28. Novas experiências, outros formatos	195
29. Choro por toda parte	201
30. Discografia selecionada do Choro nas plataformas digitais....	209
Posfácio: 150 anos e muito futuro pela frente	215
Índice onomástico	219
Créditos das imagens	231

PREFÁCIO

Não é preciso ser profeta para afirmar que este livro se tornará, imediatamente, uma obra de referência indispensável para estudiosos e amantes do choro e da música brasileira em geral. Primeiro pelo seu caráter enciclopédico, ou melhor, de quase dicionário biográfico (e ainda melhor: quase romanceado) dos grandes chorões do Brasil. Faz tempo que um trabalho como este era esperado e necessário. As obras existentes estão em sua maior parte esgotadas e não abordam a evolução recente do choro no Brasil e no mundo.

Um leitor interessado na história desse gênero musical teria que frequentar dezenas de bibliotecas e sebos para, juntando pedaços de diversos livros, formar um panorama bastante incompleto daquilo que aconteceu e tem acontecido em torno das rodas de choro. Henrique Cazes facilita nossa vida. Mas seu trabalho não é apenas o de um cuidadoso compilador. Muitas das histórias aqui contadas e muitos dados biográficos aqui encontrados são revelados para o público pela primeira vez.

As virtudes deste trabalho não terminam por aí. Um dos maiores méritos de *Choro: do quintal ao Municipal* é o de ter sido escrito por um músico extremamente envolvido com os novos rumos que esse gênero musical tomou recentemente (e que há de tomar no futuro), além de ter tido o privilégio de conviver, desde sua adolescência, com alguns dos maiores chorões deste século. Este livro deve ser também degustado como um depoimento pessoal sobre toda essa história e todas essas vidas musicais. Para Henrique Cazes não seria interessante fingir ser um observador imparcial do choro (até porque — já estamos cansados de saber — não há, em nenhuma ocasião, observadores imparciais). Grande parte da riqueza do seu relato vem de sua coragem de ter opiniões, algumas delas bastante polêmicas, e de propor uma nova maneira de olhar para aquilo que já era conhecido, o olhar de um chorão contemporâneo.

Portanto, não é também preciso ser um profundo conhecedor do choro para perceber que este livro propõe uma espécie de reviravolta (diria revolução, se tal termo não perturbasse o tom de modéstia adequadamente zen com o qual Henrique Cazes trata os seus importantes achados) na narrativa tradicional — e tradicionalizante — de sua história.

Quase como quem não quer nada, quase *en passant*, Henrique Cazes lança alguns dados que me causaram enorme surpresa e certamente vão provocar intermináveis debates entre os especialistas. Para citar apenas alguns exemplos: em *Choro: do quintal ao Municipal* aprendemos que, no início de sua história, e até as primeiras décadas deste século, o improviso era um elemento inexistente na totalidade das gravações de choro (o que torna muito provável a afirmação de que não se improvisava nas rodas de choro).

Outra surpresa — pelo menos para pessoas como eu, leitor não especialista — é que a percussão só se torna companheira dos chorões cinquenta anos depois da primeira roda!

Para chegar a essas conclusões, Henrique Cazes fez o que pouquíssima gente fez: escutou todos os discos de choro gravados na fase mecânica da nossa nascente indústria fonográfica. Essa audição trouxe muitas outras surpresas. Alguns mitos não se saíram bem nesse simples teste. Cito, como exemplo, uma declaração bombástica e iconoclasta de Henrique Cazes sobre a atuação em disco de Patápio Silva: "Tenho a impressão de que Patápio, na verdade, ficou tão famoso mais por seu espírito 'furão' e aventureiro, do que por suas qualidades de solista". Porém, nem tudo fica no terreno da impressão e do juízo de valor. Afirmar que os primeiros discos de choro não continham, por décadas, nem pandeiros nem improvisos não é nem de longe uma atitude valorativa: é uma constatação. Uma constatação nunca antes feita, não com "todas as letras". Uma constatação que modifica a história do choro como tem sido contada até agora.

Esses e outros dados fazem com que o próprio subtítulo deste livro, "do quintal ao Municipal", deva ser entendido entre aspas, mais como uma alusão à visão tradicional da história do choro, que pode começar a ser revista com a sua leitura. Do quintal ao Municipal sim, mas também de volta ao quintal novamente, e assim sem parar, num movimento de ida e vinda (não se sabe ao certo qual é o território de "origem") que confunde muitas noções preestabelecidas, como a de alta e baixa cultura, ou como erudito e popular. A percussão, vista geralmente como pertencente à "cozinha" ou ao "quintal", chega cinquenta anos depois (e o estilo mais "solto" e "balançado", termos empregados por Henrique Cazes, aparece ainda depois...). Nesses cinquenta anos, a banda de Anacleto de

Medeiros já apresentara uma seleção de temas de *Il Guarany*, Villa-Lobos já frequentara as rodas de choro da casa do pai de Pixinguinha; e o pioneiro do violão chorista, Sátiro Bilhar (que nome!), tocara também música clássica. Então quem veio primeiro: o quintal ou o Municipal?

Puxo a brasa para a minha sardinha (e Henrique Cazes não tem nenhuma responsabilidade sobre este meu "juízo de valor"), para o que penso ser o traço mais interessante de tudo aquilo de vital que aconteceu e acontece na cultura carioca e brasileira: nem o quintal nem o Municipal. O melhor acontece "entre", na possibilidade de ultrapassar as fronteiras rígidas que separam os vários mundos culturais, na tradução entre as várias linguagens musicais, na genial atuação de mediadores (entre-mundos, entre-linguagens) como Pixinguinha ou Radamés Gnattali, nos lançamentos mais recentes de um Nó em Pingo D'Água, de um Paulo Moura (com sua sintomática confusão urbana, suburbana e rural), de um encontro entre a Orquestra Pixinguinha e o grupo japonês Compostela (sob arranjos, não por acaso, de Henrique Cazes).

De alguma maneira, Henrique Cazes continua em seu livro o trabalho de releitura musical que vem fazendo em seus discos. O choro tem demonstrado ser, em toda sua história, um excelente laboratório para esse tipo de experiência.

Hermano Vianna

P.S.:
Ao terminar a leitura deste livro, tudo o que eu mais queria era escutar alguns discos aqui comentados, como o primeiro do Trio Surdina (violão, violino e acordeom!) ou qualquer um com Garoto tocando guitarra havaiana. Nem preciso dizer que quase todos estão fora de catálogo. Resta esperar que alguma alma caridosa com poder de decisão dentro das gravadoras leia o livro e lance todos os discos. É querer demais?

CHORO
DO QUINTAL AO MUNICIPAL

Este livro é dedicado a Bacury, Bilau,
Binoca, Pimenta da Alfândega,
Leal Careca, Leopoldo Pé de Mesa,
Arthur Virou Bode, Irineu Pianinho,
Josino Facão, Malaguta,
Iranico Olho de Vidro, Juca Tenente,
Arlindo Cachimbo, Walter Bambu,
Júlio Bemol, Torres Oficleide, Macaco,
Vicente Sabonete, Jaburu, Jacaré,
Vieira Maluco, Pinguça, Lulu Cavaquinho,
Jacintho Quati, Julinho Ferramenta
e muitos outros chorões que não aparecem
nominalmente no livro, mas ajudaram
a construir a história do Choro.

Agradecimentos a:
Nilo Sérgio Filho, Egeu Laus, Beto Cazes, Mário de Aratanha, Janine Houard, Pelão, Haroldo Cazes, Renato Rocha, Beth Ernest Dias, Hamilton Costa, Ilmar Carvalho, Luís Nassif, Nirez, Sérgio Prata, Zuza Homem de Mello, Francisco de Assis, Izaías Bueno de Almeida, Wilton Montenegro, João Máximo, Aluísio Didier, Lilian Zaremba, Alessandro Soares, Maria Júlia Vieira Pinheiro, Ana Costa Santos, Júlio Gallo, Cida Fernandes, Pedro, Leonardo, Isabel e ao pequeno Tomás.

Aos entrevistados:
César Faria, Carlinhos Leite, Dino, Guinga, Paulo Moura, Joel Nascimento, Déo Rian, Olinda Azevedo e Dalton Vogeler.

Agradecimento especial a:
Tárik de Souza, Jairo Severiano e Sérgio Cabral.

O "regional" da Indonésia também tem flauta, cavaquinho e violão.

1.
NASCE A MÚSICA POPULAR
NO RIO DE JANEIRO E NO MUNDO

A mistura de estilos e sotaques que levou ao nascimento do Choro ocorreu de forma similar em diferentes países. A partir dos mesmos elementos — danças europeias (principalmente a polca) somadas ao sotaque musical do colonizador e à influência negra — foram surgindo gêneros que são a base da música popular urbana.

Assim, se observarmos o maxixe brasileiro, a *beguine* da Martinica, o *danzón* de Santiago de Cuba e o *ragtime* norte-americano, vemos que todos são adaptações da polca. A diferença de resultado se deve ao sotaque inerente à música de cada colonizador (português, espanhol, francês e inglês) e, em alguns casos, a uma maior influência da música religiosa. A região da África de onde vinham os escravos também influiu, pois foram trazidas diferentes tradições musicais e religiosas por negros de tribos distintas.

Por onde houve colonização portuguesa, a música popular se desenvolveu basicamente com o mesmo instrumental. Podemos ver cavaquinho e violão atuarem juntos aqui, em Cabo Verde, em Jacarta na Indonésia ou em Goa. O caráter nostálgico, sentimental, é outro ponto comum da música das colônias portuguesas em todo o mundo. O *kronjong*, a música típica de Jacarta, é uma espécie de lundu mais lento, tocado comumente com flauta, cavaquinho e violão. Em Goa não é muito diferente.

A chegada da corte portuguesa ao Brasil em 1808 detonou um surto de modernização na cidade do Rio de Janeiro. Além das melhorias urbanas, foram feitos investimentos para criar uma infraestrutura de serviços públicos essenciais como correio e estradas de ferro.

Por outro lado, as leis antiescravagistas mudaram sensivelmente a feição social e econômica da cidade. A abolição do tráfico de escravos em 1850, além de colocar o Brasil no rol das nações civilizadas, liberou capital para grandes empreendimentos.

A cidade cresceu e melhorou. Surgiu uma classe média urbana composta de funcionários públicos e pequenos comerciantes. Essa classe média, majoritariamente composta de afro-brasileiros, forneceu não só a mão de obra do Choro mas também o público consumidor desse tipo de música.

O correio, o porto e as ferrovias, nas últimas décadas do século XIX e primeiras do XX, foram ocupações profissionais de inúmeros chorões. Um deles foi o dublê de violonista e historiador Alexandre Gonçalves Pinto. Carteiro de profissão, violonista amador, conhecido pelo apelido de Animal, Alexandre é o autor do livro O *Choro: reminiscências dos chorões antigos*, documento único sobre os chorões da época. Esse livro, por tantas vezes usado como fonte, é tremendamente mal escrito e cheio de imprecisões e absurdos. Assim, vê-se literalmente na página 115 a seguinte sandice: "A polka é como o samba — uma tradição brasileira. Só nós os que Deus permitiu que nascessem debaixo da constelação do Cruzeiro do Sul, a sabemos dansar e cultivamos com carinho e amor. A polka é a única dansa que encerra os nossos costumes, a única que tem brasilidade".

A respeito de músicos famosos há também erros graves como os elogios ao violino de Villa-Lobos, que tocava violoncelo e violão. Porém, quando tratado do ponto de vista estatístico e nos trechos em que fala dos ambientes do Choro, o livro revela, por entre dezenas de erros de gramática, dados importantes.

* * *

Na maioria dos livros em que se aborda um gênero musical, ou algum estilo ou movimento artístico, a parte mais enjoada é a da discussão sobre a origem do nome.

Com o Choro poderia acontecer o mesmo, pois existem diversas correntes, capitaneadas por pesquisadores de peso. Para evitar a chatice, ou que algum leitor mais ansioso desista de conhecer o melhor da história, vou encurtar ao máximo a questão.

O folclorista Luís da Câmara Cascudo acreditava que Choro vinha de *xolo*, um baile que os escravos faziam nas fazendas, e que teria a palavra gradativamente mudado para *xoro* e, finalmente, *Choro*.

Ary Vasconcelos acreditava que o termo teria origem nos choromeleiros, corporação de músicos de importância no período colonial, e assinala que esses músicos não executavam somente as charamelas (instrumentos de palhetas precursores dos oboés, fagotes e clarinetes). O povo teria passado a chamar qualquer tipo de agrupamento instrumental de choromeleiros, passando em seguida a encurtar o termo para Choros.

Já José Ramos Tinhorão crê que Choro viria da impressão de melancolia gerada pelas baixarias do violão e que a expressão chorão seria uma decorrência.

Apesar de respeitar enormemente a capacidade de cada um desses pesquisadores, não acredito em origens rurais para um fenômeno tipicamente urbano como o Choro. Não vejo também como as charamelas pudessem influenciar algo que ocorreu tanto tempo depois.

Quanto à melancolia das baixarias do violão, pelo que pude observar nas primeiras gravações de grupos de Choro realizadas por volta de 1907, quando o estilo já beirava quarenta anos de existência, o violão ainda não era usado com a exuberância a que hoje estamos habituados. Portanto, se algo evocava melancolia era a maneira de tocar a melodia. Sendo assim, acredito que a palavra Choro seja uma decorrência da maneira chorosa de frasear, que teria gerado o termo chorão, que designava o músico que "amolecia" as polcas.

Mais tarde a palavra Choro apareceu com diferentes significados: o grupo de chorões, a festa onde se tocava Choro e, somente na década de 1910, pelas mãos geniais de Pixinguinha, Choro passou a significar também um gênero musical de forma definida.

A meu ver, o que fez com que o termo "pegasse" e passasse a ser amplamente usado, resistindo ao tempo, foi o fato de traduzir com precisão a maneira exacerbadamente sentimental com que os músicos populares da época abrasileiravam as danças europeias.

Um estudo mais aprofundado da palavra choro certamente apontaria ainda mais caminhos, pois choro pode significar pechincha ou aquela quantidade além da dose de qualquer bebida alcoólica. Tudo isso poderia gerar teorias as mais assombrosas, que não ajudariam em nada a compreensão do processo artístico de desenvolvimento dessa musicalidade, este sim o assunto do livro.

* * *

Se eu tivesse que apontar uma data para o início da história do Choro, não hesitaria em dar o mês de julho de 1845, quando a polca foi dançada pela primeira vez no Teatro São Pedro. A chegada dessa dança, vinda da Europa central via Paris, foi cercada de grande expectativa, graças ao impacto causado em Lisboa dez meses antes.

Por essa época as danças de salão passavam por um processo de mudança da forma coletiva (quadrilha, minueto) para a de par enlaçado, principalmente a partir do advento em larga escala da valsa. Essa mudança vinha de encontro ao anseio de uma maior liberalização dos costumes e teve na polca seu meio ideal de propagação.

Um perfeito retrato da mudança de hábitos que se operava nos salões é o soneto de Arthur Azevedo, "Uma observação":

> *A moça está sentada. O moço amado*
> *Pra uma contradança vai tirá-la*
> *— Dai-me a honra? — Pois não! — E pela sala*
> *Ei-los a passear de braço dado.*
>
> *De amor quanto protesto alambicado*
> *Daqueles meigos corações se exala*
> *Té que as palmas batendo o mestre-sala*
> *Toma lugar o par apaixonado*
>
> *Começa a dança. A mão do moço esperta,*
> *Bole, mexe, comprime, apalpa, aperta*
> *Durante uns turbulentos balancés:*
>
> *E uma senhora que não é criança*
> *Sentada a um canto observa que na dança*
> *Hoje trabalham mais as mãos que os pés.*

Em compasso binário, com indicação de andamento *allegreto*, melodias saltitantes e comunicativas, em pouco tempo a polca dominou os salões, mesmo enfrentando a oposição dos moralistas. Se já parecia absurdo o homem tocar a cintura de uma mulher para uma valsa, quanto mais os pulinhos dos pares polquistas.

A passagem de qualquer moda em meados do século XIX levava um tempo que para nós hoje, quando vivemos uma moda a cada verão, parece uma eternidade. Temos que levar isto em conta para entender o longo período em que a polca esteve em voga no Brasil.

Símbolo de *status* para a classe média recém-surgida, o piano, ao mesmo tempo que simbolizava a sintonia com a "civilização" — leia-se Europa —, era indispensável nas atividades de lazer. Assim, o escritor Araújo Porto Alegre sugeriu, já em 1856, a denominação de "Cidade dos pianos" para o Rio de Janeiro. Para saciar tantos pianistas surgirão várias casas editoras de músicas e isso sem dúvida influenciará diretamente o nascimento e a divulgação da música dos chorões.

* * *

Chorinho. Esta variação muito usada de nomenclatura do Choro ganhou a partir dos anos 1970 um significado específico. Passou a ser chorinho a forma mais cristalizada do Choro.

Hoje em dia, quando um músico de Choro convida outro para um trabalho e quer avisar que o repertório é o mais usual e sem arranjos, vai logo avisando:

— Vai rolar um chorinho.

Como o objetivo do livro é mostrar o Choro em sua dimensão mais ampla, não será usada a expressão diminutiva.

Em resumo: Choro foi primeiro uma maneira de tocar. Na década de 1910 passou a ser também uma forma musical definida. O Choro como gênero tem normalmente três partes (mais modernamente duas) e se caracteriza por ser necessariamente modulante. Mais recentemente, Choro voltou a significar uma maneira de frasear, aplicável a vários tipos de música, brasileira ou não. A obediência à forma rondó (em que sempre se retorna à primeira parte) aos poucos tem sido flexibilizada.

O que mais fascina e impressiona todos os estudiosos que se aproximam do Choro é o fato de que uma forma de música popular seja ao mesmo tempo sofisticada, comunicativa e extremamente resistente. No início do século XXI o Choro continua vivo, se renovando e atraindo novas gerações.

Joaquim Antônio da Silva Callado, o primeiro líder dos chorões.

2.
CALLADO, A FLAUTA E A MÚSICA DOS CHORÕES

O desconsolo do deus Pã ao ver sua ninfa amada transformada em um caniço de bambu foi de tal ordem que, na falta de uma ideia melhor, ele resolveu soprar o tubo e acabou inventando a flauta.

Em suas inúmeras variações de forma, a flauta é um dos mais antigos e universalizados instrumentos musicais. Seu som inspirou lendas como a de Pã, na mitologia grega, fábulas infantis e foi matéria-prima essencial na Renascença e no Barroco.

No Brasil, o interesse pela flauta se intensificou com a chegada da corte portuguesa em 1808 e quando o imperador d. Pedro II contratou, em 1859, um grupo de virtuoses europeus para tocar no palácio; o flautista escolhido foi o belga Mathieu-André Reichert.

Filho de músicos nômades, nascido em Maestrich, na Bélgica, em 1830, Reichert começou ainda criança a tocar em cafés, até que o professor Jules Demeur, do Conservatório de Bruxelas, o levou para a instituição, por onde teve passagem meteórica. Aos dezessete anos, ganhou o primeiro prêmio do Conservatório, passando a músico da corte dos reis da Bélgica e iniciando carreira de concertista internacional.

A chegada de Reichert ao Rio fez crescer o interesse já existente pela flauta, pois, além de ser um virtuose e criador de repertório próprio, ele foi um dos introdutores do sistema Boehm da flauta transversa moderna, que abriu novas possibilidades para o instrumento. Esse sistema, que aumentou sensivelmente os recursos da flauta, foi desenvolvido pelo ourives e flautista alemão Theobald Boehm e, embora hoje consagrado e aperfeiçoado, teve na época muitos opositores, que defendiam a manutenção da flauta de madeira (normalmente ébano) com chaves de número variado.

Aos poucos, Reichert foi se contaminando com a música dos chorões, e, em composições como a polca "La Coquette", é perfeitamente visível a assimilação do estilo pelo músico belga. Essa mesma polca foi tocada pelos velhos chorões com o título de "As faceiras".

* * *

Afro-brasileiro, filho de um pistonista e mestre de banda, Joaquim Antônio da Silva Callado nasceu no Rio em 1848. Callado Júnior, como era chamado pelo fato de ser homônimo do pai, iniciou os estudos musicais aos oito anos de idade com Henrique Alves de Mesquita. Os estudos com Mesquita duraram apenas cerca de um ano, até que seu professor foi para a França, mas certamente influenciaram Callado na direção do abrasileiramento das danças europeias.

O professor Mesquita era dezoito anos mais velho que Callado e, mesmo sendo também afro-brasileiro (para usar a expressão que Nei Lopes nos ensinou ser politicamente correta), mantinha boas relações com a família real, o que lhe valeu nove anos de bolsa em Paris. Na capital francesa, Mesquita chegou a estrear a opereta *La nuit au chateau*, sobre libreto de Paul de Koch. Ainda em Paris, brilhou com a quadrilha "Soirée brésilienne".

Tudo indica que teria sido Mesquita o introdutor da *habanera* no Brasil. Esse ritmo cubano, com raízes no Norte da África e similar ao tango andaluz, fazia sucesso na capital francesa. Em 1871, cinco anos após o retorno ao Brasil, Henrique Alves de Mesquita lançou aquele que é considerado o primeiro tango brasileiro: "Olhos matadores". Essa designação de gênero primeiramente vai descrever uma adaptação abrasileirada da *habanera* cubana. Mais tarde, "tango brasileiro" servirá como rótulo elegante para polcas-lundu e maxixes.

Aos quinze anos, Callado escreveu sua primeira composição e quatro anos mais tarde obtinha seu primeiro êxito como compositor com a quadrilha "Carnaval de 1867". Em 1871, tornou-se professor de flauta do Conservatório de Música e passou a ser reconhecido como o flautista mais importante de seu tempo. De seu grupo fizeram parte, entre outros, o violonista Saturnino, Baziza Cavaquinho e a pianista Chiquinha Gonzaga, além de seu grande amigo flautista e saxofonista Viriato Figueira da Silva.

Nascido em Macaé em 1851, Viriato foi aluno de Callado no Conservatório de Música. Pioneiro no país como solista de saxofone, teve um grande sucesso como compositor com a polca "Só para moer", editada em 1877 e tocada até hoje pelos chorões.

Pouco depois do carnaval de 1880, Callado contraiu meningoencefalite, epidemia que assolava o Rio de Janeiro, tendo falecido em março. Reichert morreu no mesmo mês, vítima da mesma epidemia. Viriato morreu dois anos depois e, na ocasião, um grupo de admiradores dos flautistas organizou um festival para arrecadar fundos com duas finalidades. Uma era adquirir uma casa para a viúva de Callado e seus filhos. A outra, construir um mausoléu para Callado e Viriato no Cemitério do Caju. Assim, como disse o Animal, puderam os dois "durmir juntinhos o sono da eternidade".

Do trabalho de Callado como compositor, deve-se destacar o "Lundu característico", de 1873. Essa peça de maiores pretensões traz em seis partes um resumo das tendências de época, já apontando para o abrasileiramento da polca e o surgimento do maxixe como acento musical.

Apesar de ter publicado um bom número de músicas, incluindo as belas polcas "Salomé" e "Linguagem do coração", só "Flor amorosa" é tocada regularmente pelos chorões de hoje em dia. As composições de Callado mostram sua preocupação com o virtuosismo e a exploração de recursos da flauta, porém os acompanhamentos originais demonstram pouco interesse por variações na harmonia e uma falta quase total de estruturação de arranjo.

* * *

No livro *Mathieu-André Reichert, um flautista belga na corte do Rio de Janeiro*, de autoria da excelente flautista e pesquisadora Odette Ernest Dias, encontramos um texto de Iza Queiroz que narra um desafio entre Reichert e Callado:

"Certa vez, voltando de uma lição, Callado chegou a uma casa de música, trazendo a sua flauta de ébano de cinco chaves. Alguém o convidou para subir, pois Reichert ia tocar para um pequeno auditório.

Callado dirigiu-se ao salão. Depois das apresentações de costume, Reichert começou a audição. A música de sua autoria ainda estava em manuscrito. Era dificílima.

A execução impecável foi muito aplaudida. Reichert, que já ouvira referências sobre Callado, manifestou o desejo de ouvi-lo.

Callado não se fez de rogado. Pediu o manuscrito, leu-o ligeiramente e tocou-o de primeira vista de um modo arrebatador. Houve verdadeiro entusiasmo entre os presentes.

Callado não quis, porém, parar aí a competição e propôs a Reichert que tocassem juntos. O belga ficaria com a música e ele faria as variações. Houve um verdadeiro assombro ante a audácia do mestiço. Mas como se tratasse de um prélio de honra, os dois iniciaram a execução.

Para nosso orgulho, os dois grandes flautistas se igualaram. Inegavelmente Reichert era um flautista notável, educado nos grandes centros artísticos da Europa, mas o flautista brasileiro em nada lhe ficava a dever."

A professora Odette afirma que do encontro da técnica virtuosística de Reichert com a malícia rítmica de Callado surgiu a linhagem brasileira de flauta.

O grande responsável pela oficialização desse encontro foi o professor Paulo Augusto Duque Estrada Meyer. Também carioca e nascido em 1848, foi aluno e amigo pessoal de Reichert e Callado, tornando-se um flautista respeitado tanto no repertório de concerto quanto na roda de Choro. Como professor do Conservatório e mais tarde catedrático do Instituto Nacional de Música, orientou dezenas de flautistas, entre eles Pedro de Assis, que viria a sucedê-lo, e o mais famoso: Patápio Silva.

* * *

Em outubro de 1880, portanto sete meses depois da morte de Callado e Reichert, nasceu em Itaocara, região norte do estado do Rio de Janeiro, aquele que deixaria a mais forte impressão para a posteridade dentre os flautistas desse tempo: Patápio Silva.

De família modesta, viveu em Itaocara até os cinco anos, indo para Cataguases, em Minas Gerais, e mais tarde para Campos. Patápio Silva teve sua iniciação musical nas bandas do interior e ao chegar ao Rio de Janeiro, em 1900, já tinha boa desenvoltura com a flauta. Em 1901, matriculou-se no Instituto Nacional de Música, onde concluiu o curso de flauta dois anos mais tarde com nota máxima. Pouco tempo depois, Patápio venceu o concurso em que o prêmio era uma flauta de prata de fabricação francesa.

No dia da premiação, ocorreu um dos vários episódios misteriosos envolvendo a figura de Patápio. Ao abrir o cofre do Instituto, o diretor Henrique Oswald não encontrou o instrumento prêmio. A imprensa ridicularizou o sumiço da flauta e só meses depois é que ela foi encontrada e entregue ao vencedor.

Ainda em 1901, Patápio assinou contrato para gravações na Casa Edison e se tornou o primeiro solista de flauta a gravar no Brasil.

Como compositor, Patápio se comportava de maneira curiosa, pois brilhava mais em músicas de sabor europeu, como a mazurca "Margarida", do que em polcas mais simples, mais abrasileiradas.

Em março de 1907, Patápio iniciou uma viagem ao Sul do país para conseguir recursos a fim de estudar na Europa. Após tocar em Curitiba, foi para Florianópolis, onde morreu misteriosamente. Surgiram na época rumores de que teria sido envenenado através do bocal da flauta, por motivos passionais.

Embora tenha vivido pouco e deixado uma obra não muito extensa, Patápio é sempre lembrado pelos flautistas, principalmente pela virtuosística valsa "Primeiro amor", que foi usada até na abertura da novela *Nina* da TV Globo, em gravação de Altamiro Carrilho.

* * *

Ouvindo hoje algumas das chapas de gramofone da coleção do pesquisador e *expert* em áudio Humberto Francheschi, reunidas na caixa intitulada "Memórias musicais", pode-se ter uma ideia de que Patápio Silva, na verdade, foi apenas o ícone de maior visibilidade num momento em que a flauta esteve no apogeu. Vários outros flautistas brilham no período. Se compararmos a gravação da "Serenata oriental", de Koeller, feita por Patápio, com as que foram realizadas por Agenor Bens e Antônio Maria dos Passos alguns anos mais tarde, vemos que estes se saem melhor.

Agenor Bens foi o mais avançado flautista de sua época, tendo participado do primeiro concerto de obras de Villa-Lobos, realizado em Friburgo em janeiro de 1915, ao lado do próprio compositor no violoncelo e de Lucília, sua esposa na época, ao piano. Como se vê, a vanguarda da vanguarda.

Antônio Maria dos Passos só recentemente teve seu valor reconhecido, pois normalmente só era citado como sendo o flautista que perdeu o lugar na orquestra para um Pixinguinha ainda garoto. Além de excelente solista de música de concerto, Passos era um chorão ativo, sendo o solista de seu próprio grupo, o Passos no Choro, e do Grupo da Chiquinha Gonzaga. Como compositor, deixou pelo menos uma valsa de interesse, intitulada "Ela dorme".

Anacleto de Medeiros (ao centro, de braços cruzados) formou a Banda do Corpo de Bombeiros com diversos chorões.

3.
ANACLETO DE MEDEIROS, OS CHORÕES E AS BANDAS

No dia 13 de julho de 1866, na paradisíaca ilha de Paquetá, banhada pelas então límpidas águas da Baía de Guanabara, nasceu Anacleto Augusto de Medeiros, um dos pilares do Choro. Filho de uma escrava liberta com um médico que cuidava dos pobres da ilha, foi batizado com esse nome por ter nascido no dia de Santo Anacleto.

Desde os nove anos de idade, Anacleto tocou flauta e flautim em bandas, tendo como seu primeiro mestre o compositor e regente Antônio dos Santos Bocot, na Companhia de Menores do Arsenal de Guerra. Seu mestre era autor de polcas conhecidas na época como "Os bombeiros do Recife" e "Sofia" e, como se vê, a iniciação musical de Anacleto já foi feita por um chorão.

Em 1884, ao entrar para o Imperial Conservatório de Música, Anacleto já dominava todos os instrumentos de sopro e tinha especial predileção pelo sax-soprano. Mas foi de professor de clarinete o diploma que recebeu dois anos depois, ao ser aprovado num exame final que teve na banca, entre outros, o maestro Henrique Alves de Mesquita.

A partir daí, Anacleto começou a ficar conhecido como compositor, sendo apontado como o grande introdutor do sotaque brasileiro na *schottisch*, dança europeia mais lenta que a polca e que, ao contrário do que sugere o nome, não tem ligação conhecida com a Escócia. Originalmente escrita em compasso binário, pelo fato de comportar andamentos mais lentos, a *schottisch* passou gradativamente a ser escrita em compasso quaternário. O xótis nordestino, além de uma corruptela do nome, herdou da *schottisch* o uso de figuras pontuadas na melodia. Os andamentos mais ligeiros e a marcação rítmica, porém, são totalmente diversos da dança original.

Anacleto compôs muitas *schottische* e entre elas várias obras-primas, como "Três estrelinhas", "Iara" (usada por Villa-Lobos como tema central do monumental "Choros nº 10"), "Santinha" e "Não me olhes assim". Organizou bandas em fábricas e outras instituições, inclusive o

Recreio Musical Paquetaense, que, além da banda, contava com um coral para o qual Anacleto escreveu música sacra.

Em 1896, Anacleto recebeu do tenente-coronel Eugênio Jardim o convite para organizar a Banda do Corpo de Bombeiros e para isso arregimentou ex-colegas do Arsenal de Guerra, como os trompetistas Luís de Souza e Casemiro Rocha e outros chorões de boa técnica. Isso fez com que em pouco tempo a Banda passasse a se destacar das demais de sua época, pela melhor afinação, leveza e arranjos mais bem-acabados.

Em seu livro O *Choro*, o Animal (Alexandre Gonçalves Pinto) nos revela na página 60 o segredo de Anacleto conseguir um resultado musicalmente tão superior: "Como maestro ensaiador, transformou a Banda do Corpo de Bombeiros em um conjunto de professores que o respeitavam e obedeciam, na maior rispidez de suas energias, pois Anacleto era um diretor de música caprichoso e violento". Acrescenta ainda o autor que Anacleto costumava reger com um bastão, que usava para bater no músico que errasse.

Anacleto foi um exímio melodista, excelente harmonizador e sabia orquestrar de forma bastante evoluída para um "músico de banda" da época.

* * *

Em meados do século XIX, as bandas de música passavam por um processo de modernização com o advento dos saxofones e saxhorns, famílias de instrumentos criados pelo belga Adolf Sax por volta de 1840. O advento dos sax, juntamente com a progressiva substituição das flautas de madeira pelas metálicas, entre outros aperfeiçoamentos introduzidos nesse período, melhoraram de modo sensível a sonoridade e a afinação das bandas.

No Brasil, o mesmo processo ocorreu com algum atraso, mas em 1870, segundo nos conta Oswaldo Passos Cabral em seu livro *A banda de música como fator de cultura de um povo*, já eram cerca de 3 mil em todo o país e cada cidadezinha tinha pelo menos uma corporação civil ou militar.

Mais do que o prazer da música, a possibilidade de tocar em uma banda muitas vezes significou a diferença entre miséria e dignidade. Entre a fome e um prato de comida. Histórias como a do maestro Eleazar de Carvalho, que se tornou músico em um navio para ter direito a comida reservada à corporação musical, não são incomuns.

A Banda do Asilo de Meninos Desvalidos foi um exemplo lapidar da importância social da banda. De lá vieram, além de Francisco Braga, o Chico dos Hinos, Paulino Sacramento — que seria o primeiro maestro a reger o músico Pixinguinha — e Albertino Pimentel, conhecido como Carramona e autor da sempre lembrada polca "Coralina".

Após a morte de Anacleto, o comando da Banda do Corpo de Bombeiros ficou por pouco tempo a cargo de Agostinho Pereira, sendo este sucedido por Carramona, que foi um músico bastante prestigiado em seu tempo, destacando-se desde a adolescência como trompetista. Conta-se que a princesa Isabel, ao vê-lo tocar com um olho vazado, ficou penalizada e ordenou que lhe dessem uma prótese ocular, um olho de vidro. Duas outras composições suas que tiveram diversas gravações na fase mecânica foram a polca "Fantasia ao luar" e a belíssima valsa "Saudade de Luísa".

No Asilo dos Meninos Desvalidos, localizado onde hoje fica o Colégio João Alfredo, no bairro de Vila Isabel, também viveu Cândido Pereira da Silva, o Candinho Trombone. Assim como estes citados, dezenas de outros músicos tiveram lá sua iniciação profissional.

Outro músico que dedicou sua vida à banda foi Pedro Galdino, autor das belas polcas "Flausina" e "Jocosa", entre outras boas músicas. Galdino esteve muitos anos à frente da Banda da Companhia Confiança de Tecidos, no bairro de Vila Isabel, o que lhe valeu o apelido de Pedrinho da Vila Isabel. Nesta banda o contramestre durante algum tempo foi o já citado Candinho Trombone.

Como em geral as bandas eram responsáveis pelo processo de educação musical de seus componentes, e tendo elas chorões como mestres, foi natural que houvesse um efeito multiplicador da cultura chorística, fazendo surgir mais e mais músicos que dominavam a linguagem.

* * *

O repertório das bandas de música do final do século XIX era bastante eclético: marchas e dobrados militares, polcas, mazurcas, *schottische*, gavotas e até trechos de óperas adaptados para banda. Numa época em que não existia amplificação de som, qualquer evento de maior porte exigia a presença de uma banda, como podemos ver na festa carnavalesca do Teatro Fênix. Assim dizia o reclame publicado pela imprensa: "O Maestro Anacleto de Medeiros é a quem está confiada a direção da maior de todas as bandas que se pode imaginar; garantimos que em variedade de polcas e valsas ninguém o imitará. Regente da orquestra, Anacleto de Medeiros dirigirá trezentas mulatas maxixeiras".

E por falar em maxixe, é bom observar que esta palavra significou primeiro uma maneira abusada de se dançar a polca abrasileirada. Aos poucos foi surgindo um gênero específico que proporcionasse maior deleite aos dançarinos. Esse gênero misturava a melodia de polca com acentos modificados e linhas de baixo similares ao lundu. Os primeiros maxixes são bastante simplórios, mas, no final da década de 1910, autores como Candinho Trombone e Pixinguinha compuseram obras sofisticadas. De todas as vertentes que compõem a musicalidade chorística, o maxixe é o ponto mais próximo da cultura afro-brasileira, tendo acento parecido com o ylu de Iansã.

Em 1907, ano da morte de Anacleto, houve um episódio curioso com uma banda militar. Após executar o repertório de cunho cívico em honra ao marechal alemão Von Reichau, a banda passou a tocar o conhecido maxixe "Vem cá mulata", obtendo imediata adesão do público presente e até do sisudo militar germânico. O então ministro da Guerra, Hermes da Fonseca, achou intolerável este abuso e baixou portaria proibindo a execução de maxixes em tais corporações musicais. Curiosamente, o mesmo Hermes da Fonseca, quando presidente da República anos depois, teve que engolir o maxixe tocado no palácio.

Pelo que se pode ouvir nas gravações realizadas já em 1908, a Banda do Corpo de Bombeiros se ressentiu tremendamente da falta de seu criador e requintado arranjador.

Morto aos quarenta anos, Anacleto foi enterrado em Paquetá, sua querida ilha. Além das homenagens prestadas na ocasião, muitos anos mais tarde, a rua da Covanca passou a se chamar Maestro Anacleto e no seu túmulo foi erguido um monumento.

Infelizmente Anacleto de Medeiros não tem sido executado tanto quanto merece pelo valor da sua obra. Um bom trabalho realizado foi o disco dirigido pelo maestro Rogério Duprat para a gravadora Eldorado nos anos 1980. No fim da década seguinte surgiu a Banda de Câmera Anacleto de Medeiros, dirigida pelo trompista Antônio Augusto, que dedicou um CD ao compositor.

No começo do ano de 2004, iniciou-se a recuperação e digitalização do precioso arquivo da Banda do Corpo de Bombeiros, trabalho que certamente resgatará composições e arranjos de Anacleto, Carramona e seus colaboradores.

* * *

A ponte que Anacleto realizou entre a cultura das bandas e a das rodas de Choro enriqueceu enormemente ambas as manifestações. Por um lado, a Banda do Corpo de Bombeiros conseguiu um resultado único em termos de coesão e musicalidade, por outro, a linguagem chorística se propagou como em nenhum outro momento.

O significado da obra de Anacleto como compositor ficou muitas vezes ofuscado pela sua importância como organizador de bandas e, apesar da admiração explícita de gente como Villa-Lobos e Carlos Gomes, muita coisa permanece inédita em gravação.

A fusão da linguagem das bandas com a música dos chorões sobreviveu na obra de autores como Irineu de Almeida, Carramona e Luís de Souza. Cerca de vinte anos depois, ao estruturar sua linguagem orquestral, Pixinguinha mostrou forte influência da música das bandas.

Mesmo um pouco desbancadas de sua importância social, as bandas de música continuaram, ao longo de todo o século XX, fornecendo músicos para o Choro. Para se ter uma ideia, Joaquim Callado e Paulo Moura, ambos filhos de mestres de banda, tiveram o mesmo tipo de iniciação musical com quase um século de diferença. Outros grandes músicos e compositores, como Capiba, Severino Araújo, Netinho, Claudionor Cruz, Moacyr Santos e Silvério Pontes, também aprenderam música em casa e começaram cedo tocando na banda dos pais.

Ernesto Nazareth e Chiquinha Gonzaga, personalidades opostas que trabalharam na tradução pianística da música dos chorões.

4.
CHIQUINHA & NAZARETH,
O PIANO E A MÚSICA DOS CHORÕES

Da união não legitimada por matrimônio de um tenente do exército, filho de brigadeiro, com uma mestiça, nasceu em 17 de outubro de 1847 um dos maiores vultos femininos de toda a história do Brasil: Francisca Edwiges Neves Gonzaga — a Chiquinha Gonzaga.

Depois de quase não sobreviver ao parto, Chiquinha seguiu ostentando sua condição de bastarda pela infância afora e com dezesseis anos se casou com o marido que lhe escolheram, como era comum à época. Ainda no mesmo ano tornou-se mãe e dois anos depois, acompanhando o marido e levando junto o filho, embarcou no navio *São Paulo*, que seu esposo comandava, e dirigiu-se ao teatro de operações da Guerra do Paraguai. A ida de Chiquinha no navio foi na verdade uma tentativa desesperada de Jacinto, o marido, de afastá-la da música, como se isso fosse possível.

O certo é que em 1869, já separada, Chiquinha ingressou no ambiente dos chorões, sendo inclusive homenageada por Callado com a polca "Querida por todos" e supostamente por outra polca com o sugestivo título de "Sedutora". Por essa época, surgiram muitos boatos de um romance entre o flautista e a pianista, mas disso não ficou para a história nada de concreto.

A primeira composição de Chiquinha a se tornar conhecida foi também uma polca e também de título sugestivo — "Atraente". Composta na casa do maestro Henrique Alves de Mesquita, segundo a autora a partir de um sonho, "Atraente" foi publicada em fevereiro de 1877 e em novembro do mesmo ano já estava na 15ª edição.

A essa altura Chiquinha já podia ostentar pelo menos dois títulos na história do Choro, primeira chorona e primeira pianeira. Mas quem imaginou que esta mulher surpreendente iria se dedicar ao Choro e a seus ambientes domésticos estava totalmente enganado.

A partir de 1885, Chiquinha iniciou uma longa e extremamente produtiva carreira de maestrina do teatro de revistas da praça Tiradentes, criando um sem-número de musicais (chamados burletas, operetas etc.) e encontrando o veículo mais eficaz para a popularização de sua música. E foi assim que na opereta burlesca de costumes nacionais *Zizinha Maxixe*, de 1895, apareceu no final do terceiro ato o "Cateretê-corta-jaca/Gaúcho", mais tarde editado como "Gaúcho-tango" e que ficou conhecido simplesmente como "Corta-jaca", o maior sucesso de Chiquinha no repertório de Choro.

A vida foi seguindo e Chiquinha lutando. Lutou para se reconciliar com a mãe, lutou pela sobrevivência, lutou pela abolição da escravatura, lutou para ver a música mestiça dos chorões tocada e respeitada nos salões elegantes, lutou pelo direito autoral. O que se pode afirmar seguramente é que foi vitoriosa em todas ou quase todas essas lutas e em outras que ainda iria encampar ao longo de sua extensa biografia.

* * *

Músico fundamental para a linguagem chorística, Ernesto Nazareth curiosamente não foi um chorão como os outros de seu tempo. Sua música e sua trajetória artística foram extremamente pessoais. A maneira refinada como construiu seu estilo, entre o sofisticado e o espontâneo, entre o balanço rasgado de um maxixe e as sutis fermatas de uma valsa chopiniana, fizeram dele um músico único e que, a meu ver, ainda não foi bem compreendido pelos intérpretes, sejam eles oriundos da música popular ou de concerto.

Nascido no Morro do Pinto em 1863 (vizinho ao largo do Santo Cristo) e iniciado no piano pela mãe ainda menino, Nazareth absorveu desde cedo a cultura pianística europeia que seria a base de sua boa técnica pianística e também de sua obra como compositor. Aos catorze anos publicou a polca lundu "Você bem sabe" e aos vinte lançou "Brejeiro", marco na fixação do estilo tango brasileiro. Esta música, que teve os direitos autorais vendidos à editora por 50 mil-réis, chegou a ser gravada até pela Banda da Guarda Republicana de Paris.

Ernesto Nazareth compôs em todos os gêneros usuais em sua época, mas se destacou como autor de tangos brasileiros e valsas. O tango brasileiro é, assim como o maxixe, resultado da fusão de melodias de polca com acompanhamentos de *habanera* estilizada, via lundu. A valsa, dança ternária oriunda da Áustria e da Alemanha e que chegou ao Brasil com a corte portuguesa, desenvolveu aqui características próprias, como andamentos bem lentos para dar vazão a tanto sentimentalismo, e um esquema de modulações similar ao das polcas. Nazareth aprofundou as possibilidades desses gêneros através de uma obra volumosa e de qualidade homogênea.

Em 1898, o compositor realizou pela primeira vez um concerto executando suas próprias obras, no salão nobre da Intendência de Guerra.

Dando aulas, tocando em casas de família, na sala de espera do cinema Odeon e mais tarde nas casas Carlos Gomes e Stephan, Nazareth foi levando a vida com dificuldade, mas sempre produzindo. A morte de sua filha, em 1917, foi o primeiro de uma série de abalos que o levaram à loucura.

Em 1922, o compositor e crítico Luciano Gallet organizou um concerto com suas músicas no Instituto Nacional de Música, e quatro anos mais tarde Mário de Andrade realizou palestra sobre a obra de Nazareth, que chamava de "o fixador do tango brasileiro".

O reconhecimento por parte de artistas da chamada música erudita não se restringiu a autores brasileiros. O francês Darius Milhaud, de tão fã de Nazareth, tomou-lhe emprestados alguns temas como "Brejeiro", usado inteiro na peça *Scaramouche*, naturalmente sem citação do nome do autor.

A morte da esposa, em 1929, e o processo progressivo de surdez colaboraram para afastar Nazareth ainda mais do mundo real; mesmo assim, no ano seguinte, ele deixou na Odeon um registro como intérprete das próprias obras. No início dessa década ainda tocou, tendo feito apresentações no Rio Grande do Sul, mas a partir de 1933 a loucura o levaria à internação no Instituto Neurossífilis e, mais tarde, na Colônia de Psicopatas Juliano Moreira, em Jacarepaguá.

* * *

A vocação para o pioneirismo era algo realmente exuberante em Chiquinha Gonzaga. Muitas vezes uma simples atitude, um gesto banal, dava início a toda uma história. Foi assim que numa tarde de 1899, inspirada pela cadência do cordão Rosa de Ouro, vizinho da pianista no bairro do Andaraí, Chiquinha sentou-se ao piano e criou uma melodia simples para versos curtos:

> *Ó abre alas*
> *Que eu quero passar*
> *Eu sou da lira*
> *Não posso negar*

Ó abre alas
Que eu quero passar
Rosa de Ouro
É que vai ganhar

Nascia aí a música carnavalesca brasileira, uma tradição que cresceu, se fortaleceu e multiplicou a partir de uma marcha-rancho singela.

Essa capacidade de atender com música a demandas da sociedade, mexendo com os costumes, trazendo ao palco a realidade por vezes bizarra de uma república que apenas engatinhava, deu a Chiquinha, além de inúmeros aborrecimentos, a chance de sintetizar sua época através de sua arte. Se não é tão importante para o Choro do ponto de vista do volume de obras que atravessaram o tempo, a figura de Chiquinha e toda sua atuação em defesa da cultura nacional beneficiaram a musicalidade chorística em termos de abertura de espaços e respeito por parte da chamada "música culta".

* * *

É curioso o caminho feito pela música de Nazareth. Da livre adaptação das partituras de piano trazidas da Europa, surgiu a música dos chorões. Nazareth traduziu essa música para o piano, dando-lhe seu pessoal toque de sofisticação. Os chorões contemporâneos do autor, quando se arriscavam a interpretar obras de Nazareth, não conseguiam dar-lhes a delicadeza adequada.

Observando as gravações da fase mecânica (1902-1927), vemos que o nome de Nazareth aparece muito pouco, e fora o "Brejeiro", aliás uma de suas obras mais simples, que teve algumas gravações como a da Banda do Corpo de Bombeiros em 1906, e "Ameno resedá", catastroficamente tocada pelo Grupo do Louro em 1914, praticamente não existem registros. No repertório dos Oito Batutas, Nazareh também não aparece, e o que se pode concluir é que só por volta dos anos 1940-1950 é que, graças às gravações feitas por solistas como Garoto e principalmente Jacob do Bandolim, o compositor foi totalmente assimilado pela roda de Choro.

Um problema à parte é a falta de jeito dos pianistas brasileiros para tocar Nazareth. Se ouvimos suas obras executadas pelos chamados pianeiros (como a suingadíssima Carolina Cardoso de Menezes), fica faltando o toque de sofisticação. Se as ouvimos tocadas por pianistas clássicos, muitas vezes de sólida reputação no meio erudito, falta o balanço.

Radamés Gnattali, que conheceu Nazareth em 1924 e frequentava a Casa Stephan na Galeria Cruzeiro, foi a meu ver seu melhor intérprete. O processo de absorção do "estilo Nazareth" por Radamés era contado por ele de forma muito simples. Primeiro ele comprou as partituras e ouviu Nazareth tocar. Depois foi para a pensão onde morava na rua Larga, atual avenida Marechal Floriano, e estudou, fascinado pelo equilíbrio entre delicadeza e balanço. Finalmente, depois de seis meses, Radamés mostrou o resultado a Nazareth e este ficou muito satisfeito. O que ocorreu foi que, assim como o autor, Radamés somava técnica apurada na música de concerto com o balanço do Choro. Assim como Nazareth, Radamés extrapolava desde jovem o conceito de popular e erudito.

* * *

A obra de Chiquinha Gonzaga, pela sua maior simplicidade, tem se moldado melhor às novas experiências. Um exemplo são os dois discos feitos pelo pianista, arranjador e compositor Antônio Adolfo: *Viva Chiquinha Gonzaga*, de 1983, e mais recentemente *Chiquinha com jazz*, uma insólita combinação que funcionou surpreendentemente bem.

O curioso é que Adolfo e Chiquinha estão ligados por um outro dado. Entre tantos pioneirismos da vida da compositora, a produção fonográfica independente foi um deles. Chiquinha e o marido João Batista, que era 36 anos mais novo que ela e era apresentado como seu filho, abriram uma fábrica de discos no bairro do Engenho Novo. Mesmo tendo durado pouco (de 1920 a 1922), a gravadora de João Batista e Chiquinha serviu para lançar artistas importantes como Francisco Alves e o compositor Sinhô, através de gravações do Bloco do Fala Meu Louro e do Grupo dos Africanos. Os discos tinham os selos Popular e Jurity.

Seis décadas mais tarde, Antônio Adolfo, nascido cem anos depois da pianista, liderou o movimento de produção independente, mas teve o juízo de não abrir uma fábrica.

CASA EDISON — FRED. FIGNER, IMPORTADOR

EXECUTADAS PELA BANDA
DO
CORPO DE BOMBEIROS
do
Rio de Janeiro

SOB A REGENCIA DE SEU MESTRE
MAESTRO

ANACLETO de MEDEIROS

Valsas

150	Albertina	10171
151	Uma noite de luar	10172
152	Despedida	10173
153	Marilia	10174
154	Cicilia	10175
155	Diva	10176
156	Hilda	10177
157	Muchacha	10214

CHAPAS GRANDES

158 O ante-sezonico de Jesús — X 1058.

CHAPAS PEQUENAS

Polkas

159	Jurandy	10178
160	Não resisto	10179
161	29 !!	10180
162	Geny	10181
163	Do maestro Anacleto	10182
164	Tatá	10183
165	Depois do casamento	10184
166	Qui-pro-quo	101·5
167	I. Morette	10186
168	Mauricia	10208
169	Port bonheur	10215
170	A Cabeça de porco	10212

Schottischs

171	Bensinho	10194
172	Não me olhe assim	10195
173	* * * * * *	10196
174	Talvez te escreva	10197

Mazurkas

175	Cicilia	10206

CHAPA GRANDE

176	Labios de coral	X 1060

QUADRILHA

CHAPA GRANDE

177	Fluminense	X 1061

Tangos

178	Padeiro	10189
179	Coió sem sorte	10190
180	Bebé	10191
181	Bohemios	10192
182	Do O	10193
183	Bico do pagagaio	10213

CHAPA GRANDE

184	Está chumbado	X 1055
185	Urso	X 1064

Dobrados

186	Flamengo	10198
187	Cosmopolita	10199
188	Pitaco	10200
189	Eugenio Jardim	10201
190	11 de Junho	10202
191	Nené Mendes	10203
192	Ao Clepius	10207
193	Gatardo	10209

CHAPAS GRANDES

194	Realengo	X 1052
195	Congressista	X 1059
196	Jean Bart	X 1063
197	Condé	X 1065

Marchas

198	S. José	X 10204
199	Espanhola	10211

CHAPAS GRANDES

200	Alliança	X 1053
201	Aida	X 1054
202	Saudades	X 1057
203	Hymno Nacional	X 1051

CHAPA PEQUENA

204	Nacional	10187

Catálogo da Casa Edison de 1902 em que aparecem
os primeiros registros do repertório chorístico.

5.
AS GRAVAÇÕES MECÂNICAS

Os primeiros registros do repertório chorístico foram realizados pela Banda do Corpo de Bombeiros, comandada por Anacleto de Medeiros. A escolha de uma banda para os primeiros registros instrumentais deveu-se naturalmente à potência sonora deste tipo de formação, capaz de superar a precariedade do sistema de gravação.

O registro sonoro mecânico acontecia a partir de um cone de metal que tinha em sua extremidade um diafragma. Este comandava a agulha que cavava os sulcos na cera. Portanto, era necessário potência sonora para garantir que a gravação do som fosse eficaz. E já que iria ser uma banda, que fosse a melhor do Rio de Janeiro.

No primeiro catálogo de gravações de 1902, encontramos vários cilindros da BCB com valsas ("Albertina", de Bocot), polcas ("Lydia", de Anacleto), tangos ("Os boêmios", de Anacleto) e a *schottisch* "Benzinho", também de autoria do regente. Pode-se observar que o autor mais gravado era o próprio Anacleto. Dentre as primeiras gravações da BCB figura também uma seleção de temas de *Il Guarany*, de Carlos Gomes, com o título de "Sinfonia do Guarany" e a observação de que ocupa três cilindros. A presença de Carlos Gomes no repertório se deve, além do fato de ser o músico brasileiro de maior projeção na segunda metade do século passado, à admiração que este tinha por Anacleto e que já expressara publicamente.

O repertório era dividido entre polcas, *schottische*, quadrilhas, valsas, dobrados e marchas de caráter cívico. Algumas músicas, como "Iara", foram gravadas mais de uma vez.

Transcrições para banda de clássicos bastante conhecidos e trechos de óperas e operetas também faziam parte dessa seleção pra lá de eclética. Na gavota "Mimo", de autor não identificado, gravada em 1906, a Banda do Corpo de Bombeiros dá um show de dinâmica e delicadeza, coisas complicadas de se conseguir com uma banda.

Ainda em 1906, e portanto sob o comando de Anacleto, a Banda do Corpo de Bombeiros gravou composições de Albertino Pimentel, como o tango "Chininha", de belíssimo tema, e a polca "Carnavalesca", de caráter virtuosístico.

Desde o primeiro catálogo, de 1902, aparecem também gravações da Banda da Casa Edison, a primeira orquestra de estúdio e que contava com vários músicos da BCB. No repertório, o de sempre: polcas, tangos, valsas etc. A qualidade dos arranjos e da execução, porém, é sensivelmente pior que a das faixas gravadas pela BCB, mas tem algumas particularidades. A caixa clara (ou tarol), que era usada normalmente para acentuar os ataques de metais nos arranjos usuais do repertório cívico, já ensaia uma "levada" no "Maxixe dos brochas", de 1906.

A Banda da Casa Edison gravou o Hino Nacional em versão bem curiosa. Depois de tocar o hino inteiro, há uma parada e se ouve:

— Viva o Brasil!

Muitas vozes respondem:

— Viva!

A música então é repetida.

* * *

As primeiras gravações de grupos começam a aparecer por volta de 1907 com o Grupo Novo Cordão e no ano seguinte com o Grupo Cavaquinho de Ouro. Normalmente são três instrumentos com um solista acompanhado de violão e cavaquinho.

O Grupo Novo Cordão, de componentes não identificados, mostra já em suas primeiras gravações o violão começando a desenvolver baixarias, o que é hoje uma das mais marcantes características do acompanhamento chorístico. Na gravação de "Doralice", Choro de 1908, aparece um tipo de modulação que Pixinguinha usaria no célebre "Ingênuo", muitos anos depois.

A flauta e o clarinete são os instrumentos mais usados para o solo, sendo que flautistas como Patápio Silva e Pedro de Alcântara optaram por gravar com acompanhamento de piano, evidenciando suas intenções concertísticas. Outros flautistas que gravaram com frequência no formato de concerto foram: Carlos Martins, Clementino de Oliveira, Antônio Maria dos Passos e, o melhor de todos, Agenor Bens.

Trompetistas como Luís de Souza, Albertino Pimentel e Casemiro Rocha (autor da polca "Rato-Rato") apresentam um desempenho bem mais convincente que clarinetistas como Louro e Malaquias e solistas de sax-soprano como Francisco Lima. Curiosamente estes três solistas, que mandavam mais na trave que no gol, foram dos que mais gravaram e mesmo ao longo dos anos não apresentaram melhoras perceptíveis.

Cabe aqui chamar a atenção para o sucesso de "Rato-Rato". Em 1903, o sanitarista Oswaldo Cruz iniciou uma campanha para conter o alastramento da peste bubônica que ameaçava o Rio de Janeiro. Para isso montou uma brigada de exterminadores que tinham que apresentar ao final de cada dia pelo menos cinco ratos mortos. O que excedesse a esse número era gratificado com 300 réis por cabeça. A partir dessa iniciativa, tornou-se popular o comprador de ratos que entoava o pregão "Rato! Rato!". Em cima dessa ideia, Casemiro Rocha fez uma polca humorística que explorava os efeitos cômicos do trompete, mostrando seu grande domínio técnico do instrumento. Mais tarde, "Rato-Rato" ganhou letra de Claudino Costa, que continha a mais contundente mensagem antissemita de toda a música brasileira. A letra começava com um inocente:

> *Rato, rato, rato*
> *Por que motivo tu roeste meu baú?*

E acabava bombasticamente com:

> *Rato, rato, rato*
> *O emissário do judeu*

Mesmo sem uma linguagem musical mais organizada, grupos como o Novo Cordão e o Terror dos Facões já traziam um esboço de arranjo em suas execuções. De certa maneira, esses grupos, e mais tarde o Grupo do Baianinho, estavam em termos de estruturação à frente dos Oito Batutas, que surgiria em 1919.

Embora o Choro fosse um fenômeno carioca, algumas das melhores gravações dessa época são do grupo gaúcho Terror dos Facões, organizado em Porto Alegre pelo violonista, compositor e teatrólogo Otávio Dutra (1884-1937). Além de dominar os instrumentos de cordas (violão, bandolim etc.), Dutra foi um ótimo compositor e teve grande importância nas primeiras décadas do século XX no ambiente musical da capital gaúcha. O nome do grupo dava ao objeto-símbolo do gaúcho um outro significado, uma gíria que identificava como "facão" o músico ruim. Em uma gravação de 1913, o grupo Terror dos Facões troca a habitual flauta solista por um bandolim virtuose, certamente o próprio Otávio Dutra.

E por falar em bandolim, pouco antes foram realizadas pelo Grupo dos Sustenidos as primeiras gravações com solos do instrumento, inclusive da valsa "Saudade eterna", de Santos Coelho, música bastante executada até hoje por muitos bandolinistas.

* * *

E o humor, quem diria, andou dividindo espaço com o Choro em gravações realizadas em torno de 1910. Desde o início das gravações feitas no Brasil, a presença do humorismo despertava interesse, e o sucesso do genial *clown* Eduardo das Neves, também chamado de Palhaço Negro ou Crioulo Dudu, mostra isso. Acompanhando-se ao violão, ele fazia vozes, ruídos e conseguia armar uma cena humorística sozinho, em gravações memoráveis. Das Neves colheu aquele que é considerado o grande sucesso da época, o lundu "Bolim bolacho", que tinha o refrão:

> *Bolim bolacho*
> *Bole em cima, bole em baixo*

Como vemos, trata-se do "Segura o tchan" daquele tempo. Outro cantor pioneiro que também lançava mão do humor era o Baiano, que em 1909 gravou a cançoneta "A boceta", em que logo no começo ouvimos os versos:

> *Feita de massa encarnada*
> *Com uma fechadura preta*
> *Por todos era admirada*
> *A minha linda boceta*

O sucesso dos discos humorísticos deve ter sido o que levou a Casa Edison a incluir em gravações de Choro chistes entre as partes, como podemos ouvir nas polcas "Coralina", de Carramona, gravada pelo Grupo Morro do Pinto, e "Martírio dos genros", levada à cera pelo Grupo Malaquias. Na primeira são simples exclamações do tipo:

— Este flautim está me dando umas malemolências...

Mas na segunda há piadas inteiras entre as partes da música, como por exemplo:

— Meu camarada, uma vez eu fui mordido por um cachorro danado, e só fiquei bom quando minha sogra beijou no lugar da dentada. Disse o médico que um veneno matava o outro.

Embora não conste dos créditos do disco, dá para identificar que o piadista, na maior parte das vezes, é o próprio Eduardo das Neves.

Para os dias de hoje, parece inacreditável esta parceria do Choro com o humor, mas a verdade é que dava muito certo. Na gravação de "Morcego", de Irineu de Almeida, com o Choro Carioca, alguém grita num breque da terceira parte: "Olha o morcego!" e dá um susto no ouvinte. Funciona mesmo. É uma pena que as gravações de Choro tenham ficado tão sérias, perdido esse espírito brincalhão. Já imaginaram uma parceria de Dercy Gonçalves com o Época de Ouro, ou o Galo Preto com o Tom Cavalcante?

* * *

Solista de seu próprio grupo, o Passos no Choro, Antônio Maria dos Passos atuava também no Grupo da Chiquinha Gonzaga. Os dois grupos tinham aparentemente os mesmos elementos: Tute no violão e Nelson Alves no cavaquinho, além do flautista. No Grupo da Chiquinha não se ouve piano, o que dá a entender que a essa altura a maestrina de tão famosa já tinha virado grife.

Em 1915, o Passos no Choro gravou uma polca amaxixada bem moderna para sua época. Seu título: "Soluçando"; seu autor: Candido Pereira da Silva, o Candinho Trombone. Na gravação observa-se que, além do grupo usual, há um contraponto de trombone que, sem dúvida, deve ter sido criado e executado pelo próprio Candinho. Três anos depois, o mesmo grupo gravou o tanguinho de Marcelo Tupinambá, "Maricota sai da chuva", em que se observa, nos primeiros compassos da segunda parte, o aparecimento do baixo pedal no acompanhamento de violão, um recurso copiado do piano e que até então não havia aparecido em gravações de grupos de Choro.

Outro formato usual nas gravações da fase mecânica foram os trios e quartetos de sopros sem base harmônica. Quase sempre com clarinete, trompete e tuba, e usando eventualmente um bombardino. Essa é a formação do Grupo Morro do Pinto (com Carramona no trompete), do Grupo Luís de Souza, Bloco dos Parafusos e muitos outros. Pela maneira como as vozes são distribuídas sem revezamento de solo, é muito provável que todos os músicos lessem diretamente na mesma parte de piano. Certamente por isso eram usados instrumentos com a mesma transposição (todos em Si bemol).

* * *

A fase mecânica foi aquela em que, proporcionalmente, mais se gravou música instrumental no Brasil. Segundo levantamento feito pelo incansável pesquisador Jairo Severiano, entre 1902 e 1920 a proporção era de 61,5% de música instrumental para 38,5% de música cantada. Só para se ter uma ideia, no ano de 1940, o mesmo Jairo nos informa que essa proporção se invertera de forma totalmente desfavorável ao instrumental: 13,8% para 86,2%.

Uma audição atenta das gravações de Choro da fase mecânica surpreende por aspectos como a quase total falta de improvisação. Muitas vezes a mesma parte de uma música é repetida quatro ou cinco vezes sem nenhuma alteração. Só dá para sentir o calor da improvisação quando toca o Pixinguinha, com ele tudo é mais vivo, mais alegre, mais rítmico.

É interessante notar que as gravações dos grupos de Choro, até então, não continham percussão, que só vai ser introduzida com a gravação instrumental de repertório de intenção carnavalesca a partir de 1915.

Há ainda um detalhe importante a respeito do repertório: em média, as músicas que se perpetuaram eram realmente as melhores, o que atesta o caráter seletivo natural da roda de Choro.

A audição de milhares de gravações da fase mecânica para a pesquisa deste livro foi possível graças à imensa generosidade de Jairo Severiano, precisamente definida pelo jornalista João Máximo como a de um "Pesquisador Ideal".

6.
O VIOLÃO BRASILEIRO

Muito antes do surgimento do Choro e da forma chorada de tocar, o violão já era um instrumento popular que tinha participação fundamental em todo tipo de música feita fora das elites. Esteve sempre presente no acompanhamento das serenatas, dos lundus, das cançonetas, na música dos barbeiros, enfim, em tudo o que se referia às atividades de música popular anteriores ao Choro.

Com o surgimento da chamada música dos chorões o violão, juntamente com o cavaquinho, formou a base rítmico-harmônica que recebia os solistas: flauta, clarinete e outros; e os contrapontistas, inicialmente bombardino, trombone e um outro instrumento hoje em desuso, o oficleide. O nome oficleide (ou oficlide) vem do grego (*ophis*, serpente + *kleides*, chaves), mas foi inventado pelo francês J. H. Hasté no século XIX. Era um instrumento barítono, constituído de um tubo vertical de diâmetro maior que um fagote, com chaves similares às de um saxofone, e soprado por um bocal de dimensões próximas às de um trombone. Uma espécie de ornitorrinco dos sopros.

O quarteto formado por dois violões, flauta e cavaquinho surgiu, naturalmente, da busca de um melhor equilíbrio acústico entre o volume da flauta e um cavaquinho, instrumentos que atuam do médio para o agudo, com as frequências médias e graves do violão. Essa formação foi batizada por Batista Siqueira de "Quarteto Ideal" e esteve presente na base de todo grupo de Choro, sempre com dois ou três violões (mais tarde sendo um deles de sete cordas).

Dentre os pioneiros do violão chorista se destacaram inicialmente dois nomes: o cearense Sátiro Bilhar (1860-1927) e o pernambucano Quincas Laranjeira (Joaquim Francisco dos Santos, 1873-1935). O primeiro é autor da polca "Tira poeira", que, gravada por Jacob do Bandolim, chegou aos chorões atuais. Uma descrição curiosa de Sátiro Bilhar é feita por Donga: "O Sátiro era sujeito formidável, formidável. Ele tinha duas ou três composições só, e só tocava aquilo. Tinha uma que ele denominava de várias maneiras, 'Sons não sei de quê', uma denominação clássica. Daquilo ele fazia tudo, clássico, popular, virava tudo, tocava pra lá, tocava pra cá, em cada lugar, conforme a casa e o ambiente".

Quincas Laranjeira teve uma atuação mais ligada ao ainda embrionário violão clássico. Foi um grande divulgador do método da Escola de Tárrega no Brasil e compôs peças como "Prelúdio em ré menor" e "Andantino", que mostram sua preocupação em fazer "música séria" para o violão. Já sua composição mais conhecida, a valsa "Dores d'alma", é um exemplo pioneiro de um estilo cheio de arrastes sentimentais, que terá êxito popular muitos anos mais tarde pelos dedos gordinhos de Dilermando Reis. Aliás, os efeitos obtidos com o arraste de um dedo em uma corda grave do violão, de tanto serem usados, inspiraram Noel Rosa a compor o que ele chamava de "Valsa dos peidos", música que infelizmente se perdeu.

Para dimensionar a importância de Quincas Laranjeira como professor, vale reproduzir o que foi publicado na revista *O Violão* em 1929: "Homem consciente, modesto e probo, fez disso sacerdócio, ministrando a seus discípulos seus criteriosos ensinamentos, com aquela simplicidade que o tornou querido de toda a nossa sociedade. Pode-se por isso dizer com justiça que Quincas Laranjeira é o avô do violão moderno. A ele se deve mais do que a qualquer outro os primeiros passos no estudo do violão".

* * *

Foi nesse ambiente, em que o violão estava em ascensão, que chegou ao Rio em 1902, com vinte anos de idade, João Teixeira Guimarães, o João Pernambuco. Nascido em Jatobá, sertão de Pernambuco, João foi personagem importante nas primeiras décadas do século por sua atuação em duas áreas diferentes.

Primeiramente, João foi apreciado por trazer em sua bagagem musical as autênticas músicas do sertão. Numa época em que essas novidades eram bastante valorizadas, Pernambuco acabou por fornecer material para que Catulo da Paixão Cearense (ou Chatulo, como o chamava Radamés Gnattali) criasse seus dois maiores sucessos: "Cabocla de Caxangá", de 1913, e "Luar do sertão", de 1914. Em ambos os casos, a coautoria de João Pernambuco nunca foi reconhecida nem mesmo judicialmente, mas teve defensores como Heitor Villa-Lobos, Mozart Araújo e, principalmente, Henrique Foreis Domingues, o cantor, radialista e pesquisador Almirante.

Se houve dificuldades de reconhecimento na área dita sertaneja, na música de violão Pernambuco era respeitado por seus contemporâneos. Apesar disso, dividia-se entre a música e outras atividades que lhe garantiam a sobrevivência, como os empregos públicos de calceteiro e contínuo. Participou de muitas empreitadas musicais, inclusive como membro de Os Oito Batutas, o conjunto organizado por Pixinguinha e Donga em 1919.

Embora tenha participado como acompanhador desta e de outras formações, foi como autor de solos de violão que Pernambuco se projetou, favorecido pelo ambiente de "descoberta do violão" proporcionado pelas visitas ao Brasil de dois nomes importantes do violão internacional: o violonista e compositor paraguaio Agostin Barrios e a musa do instrumento, Josefina Robledo.

Nos dias de hoje, violonistas de vários países tocam e gravam as obras de João Pernambuco, graças principalmente ao esforço feito por Turíbio Santos, violonista clássico conceituado, para publicar e divulgar o trabalho desse pioneiro.

* * *

Um admirador confesso de Sátiro e Quincas foi Heitor Villa-Lobos. Em sua juventude, Villa frequentou o ambiente dos chorões e daí recolheu material que vai aparecer, transmutado ou não, em inúmeras de suas obras. Villa, que era violoncelista profissional, tocava violão com os chorões e chamava o Choro de "improvisação inteligente".

Da convivência com estes chorões violonistas, e principalmente com João Pernambuco, Villa-Lobos tirou os elementos de base para sua obra violonística, considerada a mais importante para o instrumento no século XX. Antes mesmo de escrever seus estudos e prelúdios, Villa-Lobos homenageou os chorões com a *Suíte popular brasileira*, escrita entre 1908 e 1912, e constituída de cinco movimentos: Mazurca-choro, *Schottisch-choro*, Valsa choro, Gavota choro e Chorinho. Esta suíte e o "Choros nº 1", dedicado a Nazareth, são as obras em que Villa chega mais perto do estilo dos chorões. Já no "Prelúdio nº 5", que utiliza o tema da valsa "Sonho de magia", de João Pernambuco, e no "Choros nº 10", em que o tema da *schottisch* "Iara", de Anacleto, aparece ambientado de forma a evocar a música dos ranchos, Villa aproveita material temático, mas não reconstitui o clima do Choro.

* * *

O primeiro dos grandes acompanhadores típicos de Choro foi Arthur de Souza Nascimento, conhecido pelo apelido de Tute. Nascido em 1886, no Rio de Janeiro, começou muito jovem sua carreira na Banda do Corpo de Bombeiros, tocando bombo e pratos ainda na época de Anacleto de Medeiros. Em pouco tempo, com menos de vinte anos, tornou-se um violonista muito requisitado, tendo seguramente participado da gravação da polca "Rato-Rato", datada de 1907.

Tute foi importante como estilista, como pioneiro e como o introdutor do violão de sete cordas, que lhe dava condições de fazer um acompanhamento mais encorpado e com fraseado mais rico.

Seu estilo característico era muito bem definido pelo bandolinista Luperce Miranda, que o teve como acompanhador por quinze anos, de 1929 até 1944. Luperce o chamava violonista "pé de boi", ou seja, aquele que deixava qualquer solista seguro, tranquilo. Por isso mesmo, Tute foi gravando com muita gente, e mesmo não havendo ficha técnica nos discos daquela época, seu violão é reconhecível principalmente pela sétima corda. Frases curtas em colcheias, com notas predominantemente da região mais grave do violão, foram a marca do violonista.

Tute foi frequentador assíduo da casa de Pixinguinha. Arranjou-lhe um de seus primeiros trabalhos na Orquestra do Teatro Rio Branco e desde as primeiras gravações de Pixinguinha como solista, em 1917, esteve ao seu lado.

Participou também dos grupos de Chiquinha Gonzaga, Guarda Velha de Pixinguinha, além dos Cinco Companheiros, Grupo Gente Boa, Orquestra Copacabana, Orquestra Victor, em suma, permaneceu em grande atividade até o final dos anos 1940. Faleceu em 1957.

O próprio Dino Sete Cordas conta que só tomou a iniciativa de mandar fazer um violão com a sétima corda depois do afastamento de Tute. Com esse instrumento, Dino continuou e ampliou o trabalho iniciado por Tute e se dizia não só influenciado, mas guiado por este grande músico que durante cerca de cinquenta anos esteve presente de forma marcante no Choro.

* * *

Embora tenha vivido em época mais recente, Dilermando Reis faz parte do grupo de violonistas "da antiga". Paulista de Guaratinguetá, nascido em 1916, Dilermando começou ainda garoto acompanhando o violonista cego Levino da Conceição. Ao chegar ao Rio de Janeiro por volta de 1933, foi dar aulas nas tradicionais casas de música do centro e

Meio clássico, meio anacrônico, Dilermando Reis foi um violão de sucesso.

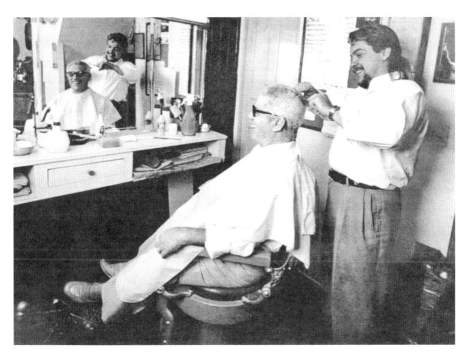

Raphael Rabello aparou e penteou as ideias lançadas por Dino Sete Cordas.

dois anos depois estreou no rádio. Gravou seu primeiro disco em 1941 e teve uma carreira fonográfica longa e cheia de êxitos.

Dilermando tocava e compunha ao estilo dos pioneiros do violão brasileiro. Suas composições como a valsa "Noite de lua" e o choro "Magoado", gravadas em seu primeiro 78 rpm, poderiam perfeitamente ter sido feitas cinquenta anos antes.

Ao contrário do que se podia esperar, esse certo anacronismo estilístico e sonoro de Dilermando foi o que lhe garantiu espaço. Foi um grande divulgador da obra de João Pernambuco e gravou discos até dois anos antes de morrer, em janeiro de 1977.

Como professor, Dilermando teve alunos famosos como o presidente Juscelino Kubitschek e os violonistas Bola Sete e Darci Vilaverde.

* * *

A evolução do violão brasileiro no século XX foi algo realmente fulgurante. Do pioneirismo de Sátiro e Quincas ao virtuosismo exacerbado de Raphael Rabello, Marco Pereira e, mais recentemente, Yamandú Costa, muita água rolou debaixo dessa ponte. A velocidade com que se sucederam craques do instrumento e da composição foi espantosa. O vastíssimo repertório criado pelos violonistas populares teve no Choro seu principal alvo, criando-se uma cultura com principais sedes no Rio e em Recife.

Pouco a pouco, os estudantes de violão têm se debruçado sobre o riquíssimo acervo do violão brasileiro, mas ainda há muito para ser revelado ao público.

7.
SURGE PIXINGUINHA

Quando em 23 de abril de 1897 nasceu Alfredo da Rocha Viana Filho, o Pixinguinha, a música dos chorões vivia seu período de maior efervescência. Um dos pontos onde se reuniam os chorões era a chamada Pensão Viana, a ampla casa de oito quartos e quatro salas do funcionário público e flautista amador Alfredo Viana, situada na rua Vista Alegre, no Catumbi. Palco da infância extremamente musical de Pixinguinha, o casarão tinha entre seus frequentadores mais habituais Quincas Laranjeira, Luís de Souza e o flautista Juca Kalut, além de um eventual Heitor Villa-Lobos.

Para se ter uma ideia do ambiente artístico da Pensão Viana, músicos em constantes dificuldades financeiras, como Sinhô e Irineu de Almeida, moraram por temporadas no porão habitável. O inquilino Irineu, que tocava trombone, oficleide e bombardino, foi quem ensinou música ao pequeno Alfredo e afirmou: "Esse menino promete". Numa dessas festas em que levou o garoto para tocar, na Pena em Jacarepaguá, o jovem virtuose desencabulou e executou, segundo seu próprio depoimento, "com limpeza, durante meia hora, a polca 'Língua de Preto'".

A proximidade da praça Onze também marcou a formação de Pixinguinha, que ali frequentou terreiros e as casas das tias baianas, onde mais tarde surgiu o samba.

Antes de completar catorze anos, Pixinguinha foi tocar profissionalmente numa casa de chope na Lapa chamada La Concha e, pouco tempo depois, foi levado pelo violonista Tute para substituir o grande flautista Antônio Maria dos Passos (aquele do Grupo Passos no Choro) na orquestra do Teatro Rio Branco, que era dirigida por Paulino Sacramento. Na orquestra, Pixinguinha foi demonstrando sua vocação para o improviso e acrescentando umas "bossas" que não estavam na partitura, mas agradavam ao regente.

Foi ainda nessa época que estreou em disco, tocando com o grupo Choro Carioca, de seu mestre Irineu Batina. Provavelmente em uma mesma sessão de gravação, registraram diversas peças, sendo que pela numeração a primeira foi a polca "Nhonhô em Sarilho", de autoria do violinista chorão Guilherme Cantalice. Entre outras músicas gravadas, figura aquela que foi apontada por muito tempo como a primeira gravação de Pixinguinha, de autoria de Irineu, "São João debaixo d'água". Essas gravações apresentam várias novidades em relação ao que já havia sido feito em gravações por grupos de Choro até então.

A primeira delas é, sem dúvida, o sopro de flauta de Pixinguinha, que não se parecia nem um pouco com o dos flautistas acadêmicos da época. Era muito mais rítmico, sem vibrato, e conforme nos explica a tese "Flautistas populares brasileiros", de Andrea Ernest Dias, um som gerado com muito ar, em golpes enérgicos. Outra novidade era o contraponto desenvolvido pelo oficleide de Irineu, com frases bem colocadas e de caráter improvisatório. Aliás, todas as gravações que pude ouvir da série feita para o selo Favorite Records, da Casa Faulharber, mostram um grupo mais solto, mais balançado do que os que haviam gravado até então. Esses contrapontos de Irineu foram, sem dúvida, a base do que Pixinguinha realizaria mais de trinta anos depois com o seu sax-tenor, nos duos com Benedito Lacerda.

* * *

Trabalho não haveria de faltar a um músico tão talentoso, e Pixinguinha não parou mais, tocando em cinemas, teatros e gravações. Em 1915 foi editado e chegou ao disco o tango "Dominante", na gravação do grupo intitulado Bloco dos Parafusos. O grupo, formado por músicos não identificados, era composto de clarinete, trompete e tuba, e é perceptível que os músicos estão lendo diretamente a parte de piano e não se arriscam em improvisos. Apesar da tosca interpretação, dá para perceber que aos dezoito anos Pixinguinha já era um craque e estava bem à frente da média de compositores do gênero.

Finalmente, em 1917, chegam ao disco duas composições de Pixinguinha tocadas por ele mesmo: a valsa "Rosa" e o tango "Sofres porque queres", que já traziam inovações e um apurado senso formal.

Duas outras composições gravadas em 1917, pouco antes de "Rosa" e "Sofres porque queres", são atribuídas a Pixinguinha. São os maxixes "Morro do Pinto" e "Morro da Favela", mas é difícil entender como um autor que já havia apresentado o sofisticado "Dominante", e logo depois mostraria tantas músicas geniais, fizesse algo musicalmente tão simplório quanto os dois maxixes. Ou essas músicas não eram de Pixinguinha, ou ele tentou se aproximar de um formato mais simples e acabou se descaracterizando.

O maxixe, por sinal, foi um gênero em que Pixinguinha também compôs mais moderna e sofisticadamente que os demais de sua época, como podemos ouvir em "Os dois que se gostam" e "Os oito batutas" (que, apesar de anunciados como tango, eram na verdade maxixes mais sofisticados), ambos gravados em 1919.

Nessas gravações aparece um violão bem diferente do de Tute, normalmente muito sóbrio. Este violão, que faz ponteados e frases sincopadas na região média do instrumento e que aparece muitas vezes nessa época, é o de Ernesto dos Santos, o Donga.

Amigo e parceiro de Pixinguinha, personagem central da polêmica envolvendo o primeiro samba gravado — "Pelo telefone"—, Donga teve diversas músicas levadas à cera nessa fase por Pixinguinha, como "Fica calmo que aparece" e "Os escoteiros". Suas composições foram sempre muito menos elaboradas que as de seu amigo flautista. Por outro lado, Donga assumiu mais que Pixinguinha a função de líder de grupo e circulou com maior desenvoltura por entre intelectuais e mecenas.

Mas foi numa parceria com seu irmão China que Pixinguinha colheu seu primeiro sucesso, o samba amaxixado "Já te digo", uma das respostas dadas ao compositor Sinhô, em função do êxito do seu "Quem são eles". O sucesso de Sinhô era uma música que batia de frente com a turma dos "baianos", incluindo-se aí os cariocas que frequentavam as casas das tias baianas como Donga e os irmãos Viana. Parece que as relações do ex-inquilino da Pensão Viana com o resto da turma teriam se azedado em função do episódio "Pelo telefone". O certo é que Pixinguinha e China acertaram em cheio, tanto na música, com destaque para a caprichadíssima introdução, como na letra que dizia:

> *Um sou eu*
> *O outro já sei quem é*
> *Ele sofreu*
> *Pra usar colarinho em pé*
>
> *Vocês não sabem quem é ele*
> *Pois eu lhes digo*
> *Ele é um cabra muito feio*
> *Que fala sem receio*
> *Sem medo do perigo*

Ele é alto magro e feio
É desdentado
Ele fala do mundo inteiro
E já está avacalhado
No Rio de Janeiro

No tempo que tocava flauta
Que desespero
Hoje ele anda janota
À custa dos trouxas
Do Rio de Janeiro

Desde 1914 se destacava no carnaval carioca o chamado Grupo do Caxangá, uma espécie de grande regional onde figuravam nomes como os de Pixinguinha, Donga e João Pernambuco. Durante o carnaval de 1919, quando o Grupo atuava num coreto armado no largo da Carioca, o gerente do elegante Cine Palais, sr. Isaac Frankel, procurou Donga e Pixinguinha e sugeriu que eles selecionassem alguns componentes do Grupo do Caxangá para tocar na sala de espera do cinema.

Assim, com intuito nitidamente profissional, surgiu o primeiro conjunto a fazer fama na música brasileira — Os Oito Batutas. A parte cantada do repertório, que se dividia entre o romântico e o sertanejo, ficou a cargo de China.

Os Oito Batutas, além de Donga e China, tinha: Nelson Alves no cavaquinho, Raul Palmieri no violão, Luís Pinto da Silva na bandola e recoreco, Jacob Palmieri no pandeiro e José Alves Lima no bandolim e ganzá. Foi o primeiro grupo de Choro a ter projeção em termos nacionais e relativa estabilidade de componentes. O grupo fez grande sucesso por onde passou e era sempre exaltado pela sua autenticidade, uma autenticidade que, hoje sabemos, era um tanto estudada, principalmente no que toca ao repertório cantado.

As gravações realizadas em 1923 na Argentina, e agora relançadas em precioso CD do selo Revivendo, mostram que, apesar da fama, Os Oito Batutas ainda não tinham uma linguagem musical organizada. Ao ser indagado sobre o conjunto, o maestro Radamés Gnattali afirmava: "aquilo era uma esculhambação, tinha três violões e cada um fazia um baixo", mas ressaltava a qualidade do flautista Pixinguinha.

* * *

Choperia "La Concha", Lapa, Rio de Janeiro, 1912: Bonfiglio de Oliveira no contrabaixo, Pádua no piano, Otaviano no violino e Pixinguinha na flauta.

No carnaval de 1914, Pixinguinha se divertiu no Grupo do Caxangá.

Partindo da música dos chorões (polcas, *schottische*, valsas etc.) e misturando elementos da tradição afro-brasileira, da música rural e de sua variada experiência profissional como músico, Pixinguinha aglutinou ideias e deu ao Choro uma forma musical definida. Sob a luz de sua genialidade, o Choro ganhou ritmo, graça, calor. Ganhou também o hábito do improviso, especialidade em que ele foi um mestre. Radamés Gnattali, um dos maiores fãs de Pixinguinha, afirmava: "Choro tem muito por aí, mas bons mesmo são os do Pixinguinha, e não é porque são mais elaborados, é porque ele era um gênio".

8.
PARIS E ARGENTINA, CONFUSÕES E INFLUÊNCIAS

A ida dos Batutas (sete e não mais oito) para Paris em 1922 é um dos mais nebulosos episódios da história do Choro. Só para se ter uma ideia do grau de imprecisão dos fatos ligados a esse evento, é conhecida a resposta de Donga quando indagado por Almirante sobre quanto tempo durou a viagem a Paris:

— Desde quando saímos até que voltamos...

A incapacidade de avaliar o episódio por parte da imprensa e dos próprios artistas era de tal ordem que, enquanto os ufanistas apontavam que chegara o momento de a Europa se curvar ante o Brasil, os que eram contra supunham que a imagem do país seria para sempre desmoralizada.

Parece que ninguém percebia que era apenas uma temporada de um conjunto em uma casa de danças, sem maiores pretensões. Para aumentar ainda mais a confusão, os Batutas tomaram todas em Paris. O maravilhoso rum das Antilhas francesas, bebida de sabor bem próximo ao da cachaça, foi consumido em generosas doses, fazendo tudo ficar ainda mais confuso. Ao fecharem a conta de um mês de trabalho, o *maître* apontou para Pixinguinha e disse que ele tinha consumido 120 litros de rum. Mesmo se considerando o bom copo que era, é bem possível que até em Paris as casas noturnas já tivessem o hábito de roubar os músicos.

Desde que circulou a notícia da iniciativa bancada pelo milionário Arnaldo Guinle, surgiram várias correntes de opinião, e, se observarmos com atenção, veremos que mesmo as opiniões favoráveis eram totalmente contaminadas de racismo.

A ideia partiu de Duque (Antônio Lopes de Amorim Diniz), um dentista baiano que ficou famoso em países da Europa, na Argentina e em Nova York como dançarino de maxixe. Sempre acompanhado de belas *partenaires*, Duque mostrou ao mundo uma versão estilizada da dança, fazendo com que fosse aceita nos salões elegantes e não mais chocasse pelo seu alto teor de sensualidade. Pixinguinha descreveu o dançarino, cheio de admiração: "Ele era um bailarino aristocrático. Não era um maxixe como a gente via em certos lugares. Era um sujeito muito delicado, que dançava um maxixe clássico".

Alguns anos antes, Duque idealizara uma casa noturna em Paris chamada Cabaret Brasil, que acabou não indo para a frente. Agora, em sua nova empreitada, contava com o apoio de Arnaldo Guinle, que tinha mesa cativa no *dancing* Sheherazade, onde Duque, além de dançar, era o responsável pela direção artística.

Para a viagem havia alguns problemas. Os irmãos Palmieri e Luís Pinto não puderam viajar e foram substituídos por Sizenando Santos, o Feniano, no pandeiro e José Monteiro, cantor e ritmista. Na última hora, o baterista J. Thomás adoeceu e não pôde viajar. Oito Batutas viraram sete, e passaram a se chamar Os Batutas.

Não faltaram achincalhes pela imprensa às vésperas da viagem do grupo. No *Jornal do Commercio* de Recife, um cronista que assinava apenas a letra "S" definiu a trupe musical como: "Oito, aliás nove pardavascos que tocam violas, pandeiros e outros instrumentos rudimentares". Mais adiante, o mesmo cronista lamentava "não haver uma polícia inexorável que legalmente os fisgasse pelo cós e os retirasse de bordo". Ainda o mesmo "S" coroava seu amontoado de sandices com: "E depois ainda nos queixamos quando chega por aqui um maroto estrangeiro que, de volta, se dá à divertida tarefa de contar das serpentes e da pretalhada que viu no Brasil".

Nas inúmeras trocas de farpas entre os que eram contra e a favor da viagem, é perceptível que mesmo a defesa não via com muita naturalidade o evento. Floresta de Miranda, amigo de Guinle e defensor da iniciativa, dava o tom da justificativa: "O fato de serem eles pretos não tem significação pejorativa para os brasileiros. As grandes orquestras de Paris (refiro-me às orquestras de dança) são as jazz-bands de pretos norte-americanos e não me consta que a grande república sofra por isso algum eclipse. Demais, a França também tem homens de cor, milhares dos quais deram o sangue em defesa da pátria durante a guerra, o que vai conferir um monumento *in memoriam*. Donde se conclui que preto também é gente e preta tem sido muita gente boa".

* * *

A chegada dos Batutas em Paris colocava o grupo entre as inúmeras orquestras típicas de vários países que animavam a alegre Paris da Belle Époque. Havia muitas jazz-bands formadas por músicos negros norte-americanos, mas havia também orquestras vindas de Cuba e da Martini-

Jazz Band Os Batutas — saxes: Pixinguinha e Paraíso; trompetes: Sebastião Cirino e Bonfiglio de Oliveira; bateria: Euclides Virgulino; trombone: Esmerino Cardoso; piano e banjo: não identificados.

ca, dentre outras localidades do Caribe. Fora isso existia toda a cultura francesa da música de salão, que certamente causou forte impressão em Pixinguinha, como ele descreveu em um de seus depoimentos: "Em frente ao Sheherazade havia uma casa com quinteto, ou um sexteto, não me lembro muito bem, que era muito bom, e tocava a música internacional. Quando tocava uma valsa era melhor do que a gente poderia fazer".

Dentro dessa Babel musical seria muito estranho que Pixinguinha e sua turma sofressem influência de apenas uma das tendências em voga. Durante muito tempo houve consenso de que Os Batutas voltaram de Paris influenciados pelo jazz, e aí é bom esclarecermos por partes.

Primeiro não se deve confundir a expressão jazz-band, usada na época genericamente para toda sorte de agrupamentos instrumentais, com o jazz como linguagem musical. A partir da década de 1910, todo tipo de conjunto popular que quisesse parecer moderno passou a se intitular jazz-band. Só para dar um exemplo, o multi-instrumentista e compositor Aldo Krieger (pai do consagrado Edino) dirigia na época uma jazz-band em Brusque, no interior de Santa Catarina. O repertório do grupo era composto de polcas, valsas e marchas de sotaque alemão, ou seja, nada que se assemelhe com a música de jazz. No livro *Pixinguinha vida e obra*, de Sérgio Cabral, há uma curiosíssima foto da Jazz-Band do Cipó, uma banda de pífanos do sertão nordestino que também queria ser moderninha.

Os gêneros musicais tocados pelas jazz-bands americanas da época eram variadas adaptações da polca, como o shimmy e o *ragtime*. A estruturação da linguagem musical jazzística ainda engatinhava em 1922. Portanto, a tão decantada influência do jazz recebida pelos Batutas se restringiu mesmo ao instrumental.

Quanto ao instrumental, creio que a assimilação do saxofone, do banjo-violão e do banjo-cavaquinho, instrumentos de maior volume sonoro, foi uma solução encontrada para enfrentar o burburinho dos salões de dança. A inclusão no repertório de um eventual "foxtrotezinho", como disse Pixinguinha, já havia sido experimentada pelo flautista anteriormente. Em 1921, Pixinguinha gravou um disco com seus foxtrotes "Ipiranga" e "Dançando", diga-se de passagem, um verdadeiro atestado da falta de jeito dele para com o gênero estrangeiro.

* * *

Depois de seis meses em que atuaram ainda no Chez Duque e no La Réserve de Saint-Cloud, Os Batutas voltaram ao Brasil, trazendo como justificativa da volta, além da saudade, a intenção de participar dos festejos do centenário da Independência a serem realizados em setembro de 1922.

Numa entrevista publicada na revista *Manchete*, cerca de um mês antes de sua morte, Pixinguinha definiu muito bem o isolamento em que viveram Os Batutas na capital francesa: "Lá é muito difícil a gente fazer amigos. A vida é muito agitada, sabe? Eles não conversam muito, não: são finos, gente delicada, mas não têm muito tempo; na minha época já era assim, agora deve ser pior. A conversa era: Ça va? Ça va? À demain. À demain. Não dava para aguentar mais".

A volta ao Brasil se deu no mesmo navio em que vinha Santos Dumont, e, talvez por isso, houve no porto uma manifestação de boas vindas naquela manhã de 14 de agosto.

De volta ao Brasil, Os Batutas foram recebidos de braços abertos e voltaram rapidamente a trabalhar. Três dias depois já se apresentavam no Jóquei Clube Brasileiro, numa homenagem ao presidente da entidade, Lineu de Paula Machado, que por sinal viajara no mesmo navio em que o grupo viera da França.

Em seguida, participaram dos festejos do Centenário da Independência, tocando diariamente no pavilhão da General Motors e participando da histórica transmissão inaugural de rádio no Brasil, capitaneada por Roquette Pinto. No final do ano, Os Oito Batutas foram para Buenos Aires levando dois substitutos novatos: o pianista J. Ribas e o violonista Josué de Barros, que mais tarde faria fama como o descobridor de Carmen Miranda.

Depois do êxito na capital, o grupo foi para Rosário, retornando depois a Buenos Aires. Os argentinos, que não entendiam direito o que era aquela música, se encantaram por Pixinguinha: "El flautista tiene una resistencia a prueba de pulmones", e chamavam "Urubu malandro" de "canto de la selva". A excursão foi bem até que em março houve um racha e metade do grupo, liderada por Donga, voltou ao Brasil. A outra metade ficou na Argentina e passou por sérias dificuldades financeiras, sendo resgatados com a ajuda da embaixada brasileira em Buenos Aires.

* * *

Até os dias de hoje a importância real das viagens dos Batutas não foi bem avaliada. Na tese "Os brasileiros em Paris nos anos 20", de autoria da professora da USP Marta Rossetti Batista, não há referência à passagem dos Batutas pela cidade. Conversando com a autora, fiquei sabendo que até a tentativa de se criar uma companhia de balé típico brasileiro na Cidade Luz aconteceu, mas sobre Pixinguinha e seus Batutas nada de significativo foi publicado pela imprensa parisiense.

O que acabei por concluir foi que Os Batutas funcionaram apenas como mais um exotismo entre tantos da capital da intelectualidade. Se tivesse havido um sucesso num âmbito maior, haveria registros fonográficos, como tantos existem das orquestras cubanas e do caribe francês dessa época.

Já na viagem para Argentina, houve êxito de fato, incluindo a gravação de diversos discos para a Victor local.

9.
SÃO OS DO NORTE QUE VÊM

Ao longo de toda a década de 1920, houve um êxodo de músicos nordestinos rumo ao Sudeste, trazendo mais sotaques e influências para o já fervilhante caldeirão do Choro.

Em 1921, chegou ao Rio o sergipano Luís Americano, que se tornaria nas duas décadas seguintes o principal clarinetista e saxofonista de Choro, fazendo sucesso como compositor e solista e gravando com os mais prestigiados cantores da época.

Luís Americano Rego nasceu em Aracaju, em 1900, e com treze anos já tocava clarinete. Aos dezoito foi para a Banda do Exército. Seu início profissional no Rio foi com as orquestras de Simon Boutman e Romeu Silva. Mais tarde foi tocar na orquestra do norte-americano Gordon Stretton e do argentino Adolfo Carbelli. No começo da década de 1930, realizou ótimas gravações pela Odeon, mostrando um repertório próprio em que se destacavam os choros "É do que há", "Numa seresta" e a valsa "Lágrimas de virgem". Compôs e gravou algumas músicas de título bem exótico, como o hilário Choro "Luís Americano de passagem pela Arábia".

Americano participou em 1937 da mais revolucionária experiência chorística da época: o Trio Carioca, com Radamés ao piano e o não menos genial Luciano Perrone na bateria. A ideia do grupo partiu de Mr. Evans, o director da Victor, a partir do sucesso mundial do trio de Benny Goodman no clarinete, Gene Krupa na bateria e Teddy Wilson no piano. Evans perguntou para Radamés se ele achava possível fazer algo similar com a música brasileira. Radamés, que conhecia e admirava o trio norte-americano, tratou de traduzir para o Choro o que os craques de lá faziam com o jazz.

O Trio Carioca gravou apenas um disco com os choros "Cabuloso" e "Recordando", de Radamés, mas até hoje soa como algo revolucionário. Uma perfeita combinação de virtuosismo, balanço e modernidade.

Radamés tinha com Luís Americano uma relação um tanto contraditória. Por um lado, achava-o excessivamente ligado às coisas "da carne", como me disse um dia: "O Luís Americano só falava de mulher e de comida". Por outro, escrevia músicas como "Serenata no Joá", composta com o nítido sentido de "aproveitar" o fraseado do soprista.

Glutão assumido, Americano foi ganhando quilos ao longo da vida e na década de 1950 já era um obeso em grande estilo, o que certamente apressou os problemas de saúde que o levaram à morte em março de 1960, em sua casa no subúrbio carioca de Brás de Pina.

Aconteceu algo bem curioso na trajetória artística de Luís Americano. Depois de passar os anos 1930 na vanguarda do gênero, gravando valsas sofisticadas e Choros bem originais, Americano sofreu um aparente retrocesso. Nos anos 1950, em suas últimas gravações pela Todamérica, cai a qualidade de suas composições (muitas delas registradas com o nome da mulher, Érica Rego) e sua execução já não é tão segura. Estão neste caso o choro-fandango "O clarinete do Garapa" e a polca "Um baile na Covanca", composições a que Luís Americano quis dar um sabor popular-caipira e acabou fazendo apenas uma música abaixo de suas possibilidades.

Como um dos mais atuantes músicos de estúdio da época, Americano deixou um sem-número de participações brilhantes em gravações, como o solo que faz no início da gravação do fox "Renúncia", música que projetou o cantor Nelson Gonçalves em 1942.

* * *

Em julho de 1921, o conjunto Os Oito Batutas excursionava pelo Nordeste e fez temporada de duas semanas no Cine-Teatro e Cassino Moderno em Recife.

Na abertura dos espetáculos atuava a prata da casa, o Bloco dos Boêmios, que fascinara os músicos cariocas. O grupo tinha como destaques: Jararaca (José Luiz Rodrigues Calazans) e Romualdo Miranda (Romualdo Henrique Pessoa de Miranda) nos violões e Ratinho (Severino Rangel de Carvalho) no sax-soprano.

Incentivados por Pixinguinha e Donga, e já com o nome de Turunas Pernambucanos, o grupo seguiu para o Rio em abril de 1922 para participar dos festejos do Centenário da Independência.

Na então capital da república começaram uma carreira de sucesso, incluindo uma temporada de seis meses no Cine Palais, o mesmo onde os Batutas haviam se lançado. Mais uma vez, o que chamou a atenção da elite intelectual do Rio foi o lado das canções sertanejas, emboladas e cocos. Mas, entre um número e outro, Ratinho mostrava que era talentoso como instrumentista e compositor.

Paraibano de Itabaiana, nascido em 1896, embora não tenha sido o primeiro a solar Choros com o sax-soprano, Ratinho foi o principal divulgador desse instrumento em nossa música popular.

A partir de 1927, quando formou a mais famosa dupla caipira com Jararaca, continuou intercalando números humorísticos com solos de saxofone, normalmente Choros, valsas e frevos de sua autoria. Sua composição mais conhecida é o clássico "Saxofone, por que choras?", mas outros Choros, como "Colegas da lira" e "Vamos pra Caxangá", também são lembrados.

O violonista Romualdo Miranda teve um papel importante nos grupos pernambucanos que atuaram no Rio, como o já citado Turunas Pernambucanos, e mais tarde os Turunas da Mauriceia e o Voz do Sertão. Permaneceu no Rio até meados dos anos 1940, quando voltou para Recife, onde atuou como violonista em rádios, se destacando no programa *Quando os violões se encontram*, transmitido pela Rádio Jornal do Comércio, na virada dos anos 1950-1960. Romualdo morreu em 1971, totalmente esquecido e deixando uma obra conhecida apenas por alguns violonistas de Recife.

* * *

Outro grande músico nordestino que emigrou nessa década foi o bandolinista Luperce Miranda. Nascido no bairro de Afogados, em Recife, no ano de 1904, Luperce Bezerra Pessoa de Miranda era um dos onze filhos do músico João Pessoa de Miranda. Com toda essa gente em casa era natural que João organizasse uma orquestra familiar. Assim, aos oito anos Luperce já tocava bandolim e aos dezesseis liderava a Jazz Leão do Norte. Com essa formação ou com o Trio Miranda, formado com os irmãos Romualdo e Nelson, que tocava cavaquinho, Luperce começou profissionalmente bem cedo.

Integrante do grupo Turunas da Mauriceia, juntamente com o cantor Augusto Calheiros e seu irmão Romualdo, Luperce não veio para o Rio com a turma, preferindo ficar em Recife, onde tinha emprego. Só no ano seguinte, animado pelo sucesso carnavalesco de sua embolada "Pinião", Luperce se juntou ao conjunto Voz do Sertão, do qual faziam parte o violonista Jaime Florence, o "Meira", e o cantor de emboladas Minona Carneiro, e chegou ao Rio.

Luís Americano e seu clarinete na Rádio Nacional.

Nos anos 1970 ainda era possível assistir a encontros como o acima:
Luperce Miranda, Meira, Jorginho do Pandeiro, Canhoto e Dino.

Rapidamente seu virtuosismo chamou a atenção e conquistou lugar de destaque em inúmeras gravações como solista e acompanhador. Além do bandolim, Luperce gravou bastante de cavaquinho, sendo seu centro facilmente reconhecível pela afinação de bandolim e pelo fato de que não dava muita bola para a harmonia, como podemos ouvir na série de gravações que fez com Pixinguinha e Tute na virada da década de 1930.

O trabalho no Rio de Janeiro, em cooperação com chorões como Tute e Pixinguinha, fez com que Luperce se aproximasse mais do Choro, compondo e gravando o gênero. Após quase duas décadas de permanência no Rio, trabalhando em rádios, gravações e tocando com estrelas de primeira grandeza como Carmen Miranda e Francisco Alves, Luperce voltou para Recife em 1946.

No retorno ao Rio, em 1955, mesmo reintegrado ao elenco da Rádio Nacional, enfrentou sérias dificuldades. Era o tempo de Jacob e Waldir, e não lhe sobrava muito espaço. Vivendo na base da colaboração de amigos, como o violonista pernambucano Alfredo Medeiros, Luperce só se estabilizou com a abertura de sua academia de música no subúrbio de Marechal Hermes. A escola era especializada em instrumentos de corda e teve entre seus alunos dezenas de chorões. Mesmo com idade avançada, Luperce exibia uma técnica exuberante, capaz de executar escalas rapidíssimas, num estilo de bandolim que praticamente não tem seguidores.

* * *

O violonista Jaime Florence, o Meira, foi o mais respeitado violão de seis cordas de "regional". Nascido em Paudalho, Pernambuco, em 1909, aos dezoito anos já era profissional em Recife, com o Voz do Sertão. Seu nome artístico veio do apelido "Jaimeira".

A vinda para o Rio, onde morava seu irmão Robson, cavaquinista, teve no início momentos muito duros. Pouco tempo depois da chegada, Robson morreu tuberculoso e Meira, meio perdido, acabou pegando um navio e indo para a Europa, onde vagou por pouco tempo até conseguir retornar ao Brasil.

Em 1934, Benedito Lacerda gravou seu Choro "Primavera", que depois teve o título trocado para "Arranca toco". Três anos depois, sob a liderança do mesmo Lacerda, Meira passou a atuar no regional de maior projeção da época, formando, com Dino no outro violão e Canhoto no cavaquinho, o mais célebre trio de base da história dos regionais.

Apesar de ser um chorão de verdade, Meira colheu seus maiores êxitos com a música cantada. O sucesso de sua valsa "Quando a saudade apertar" (parceria com Leonel Azevedo), em 1942, do samba "Aperto de mão" (com Dino e Augusto Mesquita), em 43, e principalmente do samba-canção "Molambo" (também com Augusto Mesquita), em 56, deram a Meira uma razoável estabilidade financeira, materializada pela casa de vila que comprou na rua São Francisco Xavier, perto da estação de Mangueira. Essa casa, onde morou até morrer em novembro de 1982, tinha as grades do muro e das janelas em forma de claves de sol.

Diferentemente da maior parte dos chorões de sua geração, Meira tinha intensa atividade didática, tendo colaborado para a formação de centenas de violonistas, como Baden Powell e Raphael Rabello.

* * *

A assimilação de novos sotaques e a incorporação de gêneros virtuosísticos, como o frevo, certamente foram fatores de enriquecimento do Choro na década de 1920. No plano das oportunidades profissionais, o fortalecimento do rádio e da indústria fonográfica gerou trabalho que atraiu esses geniais chorões nordestinos à capital da república.

Embora muitas vezes, ao chegar ao Rio, não fosse o Choro o objeto de trabalho, o contato informal entre músicos cariocas e nordestinos estimulou a consolidação do Choro.

10.
"CARINHOSO" E "LAMENTOS", REVOLUÇÃO NO CHORO

No período de 1928 a 1932, podemos observar um grande desenvolvimento de Pixinguinha como arranjador. Seu objetivo é claro: encontrar uma linguagem de orquestra típica nacional. Nessas pesquisas, Pixinguinha fez experiências ousadas e obteve resultados fabulosos.

Nessa época, surgiram as gravações da Orquestra Típica Oito Batutas e da Orquestra Típica Pixinguinha-Donga. Apareceu também a Orquestra de J. Thomás, que, apesar de ser dirigida pelo baterista, tinha a cara de seu arranjador, Pixinguinha.

O destaque dado à percussão é um desses aspectos ultramodernos dos arranjos de Pixinguinha, para os quais os críticos e estudiosos acadêmicos nunca deram grande importância. Não se trata simplesmente de colocar ao fundo um ritmo constante, mas sim de usar o omelê, a cabaça, o prato e faca, o pandeiro e a caixeta, instrumentos que mais aparecem nesses arranjos, como um naipe que brilha tanto ou mais que os sopros ou a base harmônica.

Ao que parece, o objetivo de Pixinguinha era criar uma música para dançar a partir de matrizes afro-brasileiras, com elementos do Choro e do samba. Pelo que dá para ouvir, ele acertou no alvo. Embora a música tenha dado certo, comercialmente o formato foi gradativamente desaparecendo. O que teria ocorrido?

Para explicar a derrota do modelo de música popular estilizada proposto por Pixinguinha, Donga, J. Thomás e outros na virada dos anos 1930, temos que pesar cada transformação ocorrida no período. Penso que, por ironia do destino, a geração citada foi derrotada pelo samba que eles próprios ajudaram a criar. A ascensão do samba de marginal a oficial, tão bem esmiuçada no livro de Hermano Vianna, *O mistério do samba*, teve como efeito colateral a passagem da turma de Pixinguinha da vanguarda para a velha guarda.

* * *

O primeiro lançamento dos Choros que mudaram a história aconteceu em outubro de 1928, num disco que trazia, de um lado, "Lamentos" e, de outro, um Choro de Donga intitulado "Amigo do povo".

O disco foi duramente atacado pelo crítico Cruz Cordeiro na revista *Phonoarte*. A crítica diz textualmente o seguinte: "O quarto disco contém dois choros: um de Pixinguinha, 'Lamentos', e um de Donga, 'Amigo do povo', sobre os quais não podemos deixar de notar que em suas músicas não se encontra um caráter perfeitamente típico. A influência das melodias e mesmo do ritmo das músicas norte-americanas é nesses dois choros bem evidente, o que causou sérias surpresas porquanto sabemos que os dois compositores são dois dos melhores autores da música típica nacional. E por este motivo julgamos esse disco o pior dos quatro que a Orquestra Pixinguinha-Donga oferece nesta quinzena".

Em janeiro de 1929, foi a vez de "Carinhoso" receber do mesmo crítico palavras ainda mais duras: "Parece que nosso compositor anda muito influenciado pelos ritmos e melodias da música de jazz. É o que temos notado desde algum tempo e, mais uma vez, neste seu choro cuja introdução é um verdadeiro foxtrote, que, no seu decorrer, apresenta combinações de pura música popular ianque. Não nos agradou".

O mais absurdo de tudo isso é que essa crítica, que já foi transcrita um sem-número de vezes em livros e contracapas de disco, aponta na verdade para um total despreparo de Cruz Cordeiro. O motivo é simples: a introdução que é "um verdadeiro foxtrote" simplesmente não existe. Na sua completa ignorância sobre os fundamentos mínimos da forma musical, ele confundiu o trecho que ficou conhecido com a letra "Meu coração não sei por que/ bate feliz quando te vê", que é o tema principal da música, com uma introdução. A introdução que hoje é parte integrante de "Carinhoso" apareceu pela primeira vez na gravação de Orlando Silva, realizada em 1937.

A estranheza causada por "Lamentos" e "Carinhoso" se deve ao fato de eles se diferenciarem muito claramente do formato dos Choros que se faziam até então. Havia um compromisso muito rígido em se criar Choros em três partes num esquema originário da polca e conhecido há muito tempo como forma Rondó. Essa forma em que se toca cada parte e sempre se volta à primeira já estava presente em gêneros anteriores à polca. "Carinhoso" e "Lamentos" não têm essa forma, ambos foram feitos em duas partes, sendo que "Lamentos" conta originalmente ainda com uma introdução.

* * *

Pixinguinha normalmente não fazia a grade orquestral, escrevia diretamente as partes de cada instrumento, conforme o costume dos velhos mestres de banda. Escrevia com uma pena de cobre e tinta nanquim, solfejando cada parte e só raramente consultava o piano, para experimentar uma passagem mais intrincada.

Ao longo de toda a sua vida manteve os mesmos hábitos, escrevendo à noite o que seria gravado ou tocado nas estações de rádio no dia seguinte. A caligrafia musical de Pixinguinha era muito boa, seus escritos muito caprichados, e graças à dedicação de Alfredinho, seu filho, uma parte do que ele escreveu está preservado.

Para o público em geral pode parecer uma coisa sem importância o fato de o Mestre não escrever a grade orquestral, mas isso significa na prática que Pixinguinha tinha todos os elementos da instrumentação funcionando simultaneamente em seu raciocínio abstrato. Considerando o tanto de contraponto que utilizava, tinha de fato um ouvido "de dentro" bem desenvolvido. Como trabalhava com violonistas, cavaquinistas e percussionistas que não liam música, não escrevia a base, o que se constitui hoje em uma dificuldade extra na codificação de seu estilo e na reconstituição de sua sonoridade característica.

Mais tarde, na Victor, Pixinguinha organizou a Orquestra Victor Brasileira, que contava com craques como Luís Americano no saxofone e clarinete, Bonfiglio de Oliveira no trompete e Luperce Miranda no bandolim. Ainda na mesma gravadora, organizou a Orquestra Típica Victor, os Diabos do Céu e o Grupo da Guarda Velha.

Durante os anos 1930, Pixinguinha dividiu os arranjos na Victor com Radamés, ficando normalmente com a parcela mais rítmica do repertório, enquanto Gnattali cuidava da parte mais romântica. Na década seguinte, com o aumento da influência norte-americana, através das big bands difundidas pelo cinema falado, foi aos poucos sendo considerado um arranjador "da antiga" e diminuiu sensivelmente sua atuação no mercado fonográfico.

Um sinal do declínio das atividades de arranjador de Pixinguinha é o arranjo sinfônico que escreveu para "Carinhoso", para ser executado em 1938 na Rádio Mayrink Veiga. A ascensão de Radamés, que introduzira o naipe de cordas (violinos, violas, violoncelos) na música popular, gerou comentários no meio musical de que Pixinguinha não sabia escrever para essa formação. A reação veio com o arranjo sinfônico do "Ca-

Pixinguinha e a Orquestra Diabos do Céu. Em pé: Adolfo, Tio Faustino, Pereira dos Santos, não identificado, João da Baiana, Nelson Roriz e Wanderley. Sentados: não identificado, João Martins, Pixinguinha, Ernani Braga e Monteiro.

Meira no violão, Pixinguinha no sax, Benedito Lacerda na flauta e Dino no sete cordas.

rinhoso", que foi gravado muito toscamente no último disco do Mestre, *São Pixinguinha*.

Recentemente, o arranjo sinfônico foi reconstituído pelo maestro argentino Oswaldo D'Amore e, ao ser executado em 1997 pela Orquestra Sinfônica Brasileira, fez o flautista Paulo Guimarães exclamar para o regente Roberto Tibiriçá:

— Maestro, esse arranjo é Esther Williams à beça!

* * *

Os anos 1940 começaram mal para Pixinguinha. Pouco trabalho com orquestrações e o fim de seu emprego na Rádio Mayrink Veiga. Tudo isso, aliado ao excesso de bebida, levou Pixinguinha a atravessar um momento difícil em meados da década. Prestes a perder a casa que estava comprando, pelo atraso no pagamento das prestações, Pixinguinha aceitou o acordo proposto por Benedito Lacerda. Lacerda arranjaria gravações e edições para as músicas de Pixinguinha e, em troca, apareceria como parceiro. Fazia parte do compromisso que Pixinguinha não tocasse mais flauta, passando definitivamente para o sax-tenor.

Os 25 discos previstos inicialmente no contrato acabaram sendo 17. O primeiro deles foi gravado em abril de 1945; o segundo e melhor de todos, em maio do ano seguinte, com a memorável versão de "Um a zero". Nota-se que aos poucos o duo vai perdendo o entusiasmo e, nas gravações a partir de 1948, começa simplesmente a cumprir contrato. É bom ressaltar que todas as músicas de Pixinguinha gravadas passaram a ter coautoria de Benedito e, portanto, era lucrativo para ele gravar o maior número possível.

Uma saia justa dessa natureza teria derrubado qualquer um que não fosse um gênio. Pixinguinha, pelo contrário, se adaptou tão bem ao papel de coadjuvante que acabou invertendo o interesse dos ouvintes. Hoje ninguém comenta essas gravações pela flauta de Benedito, mas sim pelos contrapontos do sax-tenor. Pixinguinha desenvolveu com brilho os ensinamentos de seu professor Irineu de Almeida.

Fazendo-se um balanço do acordo Lacerda Pixinguinha, vemos que de certa maneira todos saíram ganhando. Benedito alimentou o bolso e a vaidade, Pixinguinha resolveu seu problema mais urgente e nós ganhamos gravações memoráveis. Espera-se pelo dia em que a gravadora BMG relance a coleção completa em CD, numa bela caixa, com textos informativos e rica iconografia.

A atividade de arranjador e regente foi para Pixinguinha
a principal fonte de sustento.

* * *

Pixinguinha passou seus últimos anos topando qualquer trabalho e seus muitos fãs nem notaram o quanto era inadequada a música incidental que escreveu para o filme *Sol sobre a lama*, de Alex Vianny. Esse momento pouco feliz da carreira do maestro é aqui citado apenas para ilustrar o quanto ainda não se compreendeu da real importância do Mestre do Choro, o quanto ainda há para se descobrir sobre Pixinguinha.

Mesmo tendo ficado à margem de movimentos como o da bossa nova, Pixinguinha, até sua morte em fevereiro de 1973, não mudou sua maneira de orquestrar, dando a impressão de que no fundo de sua sincera modéstia sabia que escrevia para a eternidade.

No livro *Filho de Ogum bexiguento*, de Marília Barboza e Arthur de Oliveira, a importância das experiências orquestrais de Pixinguinha é resumida por Guerra Peixe: "Pixinguinha deve ser encarado como um ponto de partida a ser seguido pelos orquestradores brasileiros. Seus trabalhos nessa especialidade deixam transparecer valores típicos da nossa música popular, seja em harmonia, contraponto, ritmo e feição regional. Tanto assim que ele é considerado, com muita razão, o único orquestrador que dá força regional à nossa música".

Sempre elegante, João da Baiana despertava a curiosidade
das novas estrelas da Rádio Nacional.

11.
PERCUSSÃO NO CHORO

Hoje em dia não se imagina Choro sem um pandeiro, mas o advento da percussão no gênero foi algo que levou em torno de cinquenta anos para acontecer. Para se ter uma ideia, o livro do Animal (Alexandre Gonçalves Pinto) cita apenas um pandeirista, enquanto aparecem dezesseis oficleides, dois oboés e duas cítaras. E o pandeirista citado não podia ser outro senão o grande João da Baiana.

João Machado Guedes era o caçula e único carioca dentre os doze filhos de Tia Prisciliana de Santo Amaro, como sua mãe era chamada nas rodas de samba e do candomblé. Dez anos mais velho que Pixinguinha, desde muito cedo aprendeu a manejar o pandeiro, passando a frequentar as festas nas casas de Tia Ciata e Tia Amélia do Aragão (mãe de seu futuro parceiro Donga). Em 1908, João da Baiana ficou sem seu pandeiro em uma batida policial e acabou não indo a uma festa dada pelo poderoso senador Pinheiro Machado. A eminência parda do poder daquela época era admirador de João e mandou que o presenteassem com um pandeiro da melhor qualidade existente, enfeitado de madrepérola. Foi com este instrumento que o percussionista se apresentou durante vários anos e muitas vezes a dedicatória de Pinheiro Machado funcionou como um salvo-conduto junto à polícia.

A aproximação entre João da Baiana e Pixinguinha teve reflexos bastante audíveis a partir dos anos 1920, embora o primeiro não tenha participado das viagens dos Batutas por ter um emprego.

Aos poucos, o pandeirista foi se tornando uma verdadeira lenda viva, pois se por um lado músicos como o maestro Radamés Gnattali e o baterista Luciano Perrone admiravam seus dotes musicais, por outro, dois outros aspectos geravam muitas histórias a seu respeito.

O primeiro desses aspectos era o seu decantado poder de macumbeiro. Há um episódio passado na Rádio Nacional que ilustra sua fama no campo do sobrenatural. Na orquestra principal da rádio foi formado um naipe de percussão popular composto por craques como Bide e Marçal,

Tio Faustino e, naturalmente, o próprio João no pandeiro e no prato e faca, suas especialidades. A partir daí, todas as vezes que era escalado para atuar em programas de calouro, João enchia a boca e dizia:

— Agora não acompanho mais calouros. Eu sou o pandeirista da orquestra do maestro Radamés Gnattali.

Quando os produtores dos programas de calouro iam reclamar com Vitor Costa, diretor da Nacional, a resposta era sempre a mesma:

— Eu não posso brigar com ele, pois ele é um macumbeiro poderoso. É melhor deixar pra lá...

Fora toda fama, João da Baiana era de fato elegante. Usava gravata de pintor e um impecável terno branco. Um outro aspecto de sua fama não era nada abstrato. João era famoso por ser um homem excepcionalmente bem-dotado e despertava a curiosidade das jovens estrelas da Nacional. Contava-se na época, inclusive, que uma atriz-cantora tivera seu maior desempenho, não em Shakespeare ou Molière, mas sim na "peça" de João da Baiana.

* * *

É nas gravações orquestrais dirigidas por Pixinguinha que a percussão aparece pela primeira vez com destaque. Os instrumentos usados eram, além do pandeiro e prato e faca, caixa clara, caixeta e reco-reco. Havia ainda um som de tambor mais grave não muito identificável aos ouvidos atuais. Esse tambor era o omelê, tocado pelo baiano Faustino da Conceição, o Tio Faustino.

No livro *Na roda do samba*, de Francisco Guimarães, o Vagalume, encontrei uma descrição desse instrumento:

> "Ultimamente Tio Faustino ficou em evidência na roda do samba com seu omelê, que vem a ser o batá africano, ou melhor, uma assimilação deste instrumento, com várias modificações e melhoramentos, de modo a substituir no samba a cuíca. O batá africano é um instrumento feio para ser apresentado em público num conjunto de salão e tem um grande inconveniente: não afina nos dias chuvosos ou lugares úmidos (como a cuíca), por muito que procurem esquentar a pele, porque a corda cede havendo o retraimento do couro.
>
> O omelê brasileiro substitui perfeitamente o tambor, a caixa surda, o bombo, o tamborim, a cuíca e o atabaque [...]
>
> Não resta a menor dúvida que o omelê será em breve o ins-

trumento obrigatório de todos os centros que cultivem o samba. Ele é a condenação da cuíca, que já não satisfaz nem condiz com a harmonia do samba chulado."

É bom lembrar que nesse tempo a cuíca era um instrumento de marcação e não de comentários como hoje. Afinada mais grave, ela fazia um papel de sustentação rítmica, com um pulso constante.

Tocado sobre um tripé, o omelê funcionava fazendo uma marcação variada, algo como os tam-tans fazem no samba atual. Das várias gravações em que detectei a presença do omelê, a que mostra mais o som do instrumento é a de Mario Reis cantando o samba "Filosofia", de Noel Rosa e André Filho.

É curioso o fato de Tio Faustino com seu omelê ter uma trajetória praticamente idêntica à de Carlinhos Brown, sessenta anos depois, com seu timbau. Fora o marketing.

* * *

O primeiro pandeirista a se destacar depois de João da Baiana foi o paulistano Antônio Cardoso Martins, o Russo do Pandeiro. Tocando com Benedito Lacerda no Gente do Morro e mais tarde no Regional de Benedito Lacerda, Russo participou de inúmeras gravações. Em 1940, foi para Paris acompanhando Josephine Baker, que o conhecera tocando no Copacabana Palace. Depois da Segunda Guerra, foi para os Estados Unidos, onde atuou em filmes ao lado de Carmen Miranda, Groucho Marx, Esther Williams e Dorothy Lamour, entre outros. Por essa época, teve seu grupo Russo and the Samba Kings, com o qual excursionou por quase todos os estados americanos. De volta ao Brasil em 1950, abandonou a carreira, tornando-se funcionário público.

Deve-se assinalar que os pioneiros do pandeiro brasileiro — João da Baiana e Russo — tocavam de forma bem diferente de seus sucessores. Para eles não havia diferenciação entre primeiro e segundo tempo e, por isso, para os ouvidos de hoje em dia, eles soam mais pop.

O lugar de Russo do Pandeiro no Regional de Benedito Lacerda foi preenchido por Gilson de Freitas, pandeirista de características mais sóbrias e que, durante os anos 1950 com o Regional do Canhoto, se revezava com Jorginho do Pandeiro.

Irmão de Dino Sete Cordas, Jorginho desenvolveu um estilo marcante que influenciou toda uma geração de pandeiristas. Este estilo exuberante, com mais aproveitamento das possibilidades sonoras do couro do pandeiro e polegar bastante movimentado, é um desenvolvimento do estilo de João da Baiana.

Já Gilberto D'Ávila, pandeirista do Conjunto Época de Ouro, na fase inicial com Jacob, fazia a linha mais sóbria, como destaca o bandolinista na contracapa do LP *Vibrações* (ver capítulo 19).

Nas gravações de Jacob na RCA dos anos 1950, é figura constante o ritmista Pedro dos Santos, conhecido também como Pedro Sorongo ou ainda Pedro da Lua, pelo fato de ser um tanto lunático. Só que Pedro não era simplesmente um ritmista, era um genial inventor de instrumentos e inovador na utilização da percussão. São algumas de suas invenções: o sorongo usado em gravações com Baden, o bambu eletrônico, o berimbau de boca e dezenas de outros instrumentos de som originalíssimo. Como compositor, Pedro dos Santos criou temas em que seus inventos pudessem brilhar e, no fim da vida, embarcou numa onda mística, passando a fazer música de caráter religioso. A presença de Pedro dos Santos é audível nos discos que o Época de Ouro gravou nos anos 1970, na Continental, e também no LP *Delicado*, de Waldir Azevedo, hoje relançado em CD pela EMI.

Outro pandeirista de destaque dessa fase foi Pernambuco do Pandeiro, que, antes de ir morar em Brasília, liderou um regional do qual participaram Evandro do Bandolim e Darli Louzada no violão de sete cordas.

* * *

Dos jovens pandeiristas, o que mais tem se destacado é Marcos Suzano, que, partindo do estilo de Jorginho, assimilou elementos do pop e da cultura percussiva afro-brasileira. Suzano começou profissionalmente no Nó em Pingo D'Água, mas, naturalmente, em função de oferta de trabalho, tem se afastado cada vez mais do Choro. Marcos Suzano é ainda pioneiro no aperfeiçoamento de uma microfonação que deu ao pandeiro mais peso, num procedimento hoje adotado por muitos outros pandeiristas.

Outro que tem se destacado é Celsinho Silva (filho de Jorginho), que atua no Nó em Pingo D'Água e com Paulinho da Viola. Em São Paulo, temos, da velha guarda, Clodoaldo e, entre os novos, Guelo, que tem trabalhado com variadas instrumentações. Por falar em velha guarda, um pandeirista que continua em intensa atividade é o carioca Darly, que atua no Conjunto Noites Cariocas de Déo Rian.

Uma presença que tem sido constante nos trabalhos ligados ao Choro mais progressista é a de meu irmão Beto Cazes. Quatro anos mais velho do que eu, Beto aperfeiçoou na Camerata Carioca um estilo de pandeiro que mescla as várias tendências. Nem tão discreto quanto Gilson e Gilberto, nem tão pesado quanto Jorginho ou Suzano. Beto se destaca por uma maior utilização das possibilidades de dinâmica do pandeiro. Nos trabalhos em que atuo como produtor e arranjador, já há alguns anos, a percussão é desenvolvida por ele, tanto em concepção quanto em instrumentação, figurando daí o crédito "arranjos de percussão" na ficha técnica.

* * *

Curiosamente, num momento em que a percussão ganha espaço cada vez maior na música popular, começam a surgir trabalhos sem percussão ou com participação esporádica desta. É o caso do Trio Madeira Brasil (Ronaldo do Bandolim, José Paulo Becker e Marcello Gonçalves, violões). O que se busca nestas e em outras experiências similares é uma maior flexibilidade de interpretação, livre das amarras do pulso percussivo.

Por outro lado, a percussão tem sido usada no Choro de uma forma cada vez mais diversificada, e não se vê mais pudor em trazer instrumentos típicos do samba ou da música caribenha para dar sabor a uma gravação.

O regional de Benedito Lacerda estabeleceu o padrão de excelência para essa formação ainda na primeira metade dos anos 1930.

12.
O RÁDIO E A FIXAÇÃO DO FORMATO "REGIONAL"

A década de 1930 trouxe um salto qualitativo e quantitativo para a música popular no Brasil. Uma geração de compositores e cantores de altíssimo nível surgiu e ganhou espaço, tendo o rádio como principal veículo de divulgação.

Para uma estação de rádio da época era indispensável o trabalho de um conjunto do tipo "regional", pois, sendo uma formação que não necessitava de arranjos escritos, tinha a agilidade e o poder de improvisação para tapar buracos e resolver qualquer parada no que se referisse ao acompanhamento de cantores.

O nome regional se originou de grupos como Turunas Pernambucanos, Voz do Sertão e mesmo Os Oito Batutas, que na década de 1920 associavam a instrumentação de violões, cavaquinho, percussão e algum solista a um caráter de música regional.

O acordeonista e arranjador Orlando Silveira conta que, "quando havia algum problema e falhava a programação, o regional era chamado e muitas vezes o cantor dizia o tom e nós entrávamos tocando sem conhecer a música, fazendo introdução na hora, harmonizando na hora". Diversos músicos que viveram esse período dos regionais de rádio apontam essa prática como sua grande escola.

Assim, com dois ou três violões, cavaquinho, um ou mais ritmistas e um solista para criar introduções em profusão, estava resolvido o problema, com uma excelente relação custo-benefício.

Os programas de calouros eram outro nicho de programação para os quais era indispensável a presença do "regional". No depoimento dado à pesquisadora Lilian Zaremba, Dino Sete Cordas aponta esses programas como de fabulosos efeitos didáticos: "Foi acompanhando calouros que eu aprendi a manejar com o violão. O calouro quando canta ele às vezes atravessa e a gente que está acompanhando tem que atravessar junto, senão vai atravessado até o final. A gente tem que pular junto, para chegar junto e o ouvinte não perceber".

* * *

O primeiro desses grupos a ter uma organização maior foi o Gente do Morro, nome dado por Sinhô ao grupo formado em 1930 e que, sendo liderado pelo flautista Benedito Lacerda, tinha ainda Canhoto no cavaquinho e Russo do Pandeiro, entre outros.

É curioso que neste grupo, que gravou diversos discos pela gravadora Brunswick, Lacerda também cantava. Com 27 anos de idade, Benedito já trazia experiência de tocar flauta em cinema mudo e saxofone em orquestras. Também já demonstrava seu aguçado tino comercial, que o levaria anos mais tarde a possuir um avião, caso raríssimo para um músico e compositor no Brasil.

Waldiro Frederico Tramontano, o Canhoto, era carioca, nascido em 1908. Tocava cavaquinho virado para o lado oposto do usual e, consequentemente, palhetava as cordas de baixo para cima. Acabou desse jeito criando um estilo que, embora extremamente discreto, era muito marcante. Apesar de mais tarde liderar um conjunto que levava seu nome, pouco se arriscou como solista.

Em meados dos anos 1930, surgiu o Conjunto Regional de Benedito Lacerda, com o próprio e mais Canhoto e Russo, Gorgulho (Jaci Pereira) e Ney Orestes nos violões. Mais tarde, Gorgulho foi substituído por Carlos Lentine, e a partir de 1937, com a entrada de Dino e Meira nos violões, o grupo passaria a atuar com o mais célebre trio de base de toda a história dos regionais: Dino-Meira-Canhoto.

Horondino José da Silva, também carioca e dez anos mais jovem que Canhoto, foi ao longo de mais de seis décadas um violonista excepcional. Depois de trabalhar com o violão normal durante vinte anos, mandou fazer um com a sétima corda, como havia visto o velho Tute usar. No sete cordas, Dino desenvolveu enormemente a linguagem contrapontística e brilhou em um sem-número de gravações de Choro e samba. Seu estilo é uma soma de perfeita execução e muito bom gosto na colocação das frases na região mais grave do violão, conhecidas popularmente como baixarias.

O conjunto de Lacerda foi o modelo seguido por inúmeros outros, em que, além de desempenho musical, era exigida do músico uma disciplina espartana. Além do sistema de multas por faltas e atrasos, a liderança de Benedito muitas vezes era imposta com violência, normalmente aplicada ao ritmista. É importante destacar que havia outros bons regionais, mas invariavelmente o modelo seguido era o mesmo. Em seu

Regional do Canhoto: Meira, Canhoto, Dino, Altamiro e Gilson, no começo do anos 1950.

João Donato, antes de ser "moderno", tocou acordeom em regional de rádio, com Altamiro na flauta e César Faria no violão.

depoimento no MIS, Jacob do Bandolim demonstra sua admiração pelo conjunto de Lacerda, tanto na música quanto na metodologia disciplinadora de trabalho, e afirma ter sido este o seu modelo.

* * *

A Rádio Nacional, que se caracterizava pela melhor produção musical entre suas concorrentes, curiosamente tinha como ponto fraco o seu regional. Dante Santoro comandava o conjunto e não era de fato um músico dos mais caprichosos. Para se ter uma ideia, Dante tinha apenas uma introdução que adaptava a qualquer ritmo e andamento, mesmo que fosse no compasso ternário de uma valsa.

O desprezo que havia por parte dos demais músicos da Nacional pelo regional pode ser sentido pela definição dada por Radamés, o principal maestro da casa: "Eram tudo uns cachaças".

O regional de Dante Santoro teve como principais integrantes, além do próprio flautista, Waldemar no cavaquinho, Joca no pandeiro e vários violões, entre eles Carlos Lentine, Norival Guimarães e Rubens Bergman.

Entre os músicos de regional na Rádio Nacional havia pelo menos um que era especial. Tocando violão quase na cintura e com temperamento arredio, aquele violonista de pouco brilho escondia um compositor genial. Era Valzinho, ou melhor, Norival Carlos Teixeira, violonista que começou tocando no conjunto de Pereira Filho, na Rádio Guanabara, e depois trabalhou com Pixinguinha e Luperce Miranda. Em 1939, foi para o regional de Dante Santoro, onde permaneceu até se aposentar, cerca de trinta anos depois. Durante algum tempo participou ainda das transmissões que envolviam o Bossa Clube, grupo de músicos dirigido por Garoto e que apresentava harmonias surpreendentes para a época.

Valzinho é autor de músicas muito avançadas para seu tempo, como "Óculos escuros" e "Doce veneno", e chegou a ser premiado em suas incursões pelas artes plásticas.

Um músico importante para o Choro que atuou com brilho na Rádio Nacional foi Abel Ferreira. Mineiro de Coromandel, nascido em 1915, teve sua iniciação profissional em Minas, só vindo para o Rio em 1943. Depois de tocar em orquestras como as de Vicente Paiva e Bené Nunes, foi para a Nacional em 49 e lá, com a Turma do Sereno e mais tarde a Escola de Danças, ficou bastante conhecido. Do final dos anos 1950 até meados dos 60, acumulou boa experiência internacional. Apesar da fase ruim que o Choro viveu nesse tempo, Abel se manteve em forma, de maneira que, quando houve a redescoberta do gênero nos anos

Otaviano Pitanga e seu regional: Voltaire no sete cordas, Caçula no cavaquinho, Damázio no violão e Darly no pandeiro.

1970, ele estava apto a ser um dos ícones de maior brilho. Excelente improvisador, Abel se destacou em gravações como a dos Cinco Companheiros, grupo em que atuava ao lado de Pixinguinha e outros. Seus Choros mais lembrados são "Chorando baixinho" e "Acariciando".

* * *

Em março de 1951, estreou na Rádio Mayrink Veiga o Regional do Canhoto, contando com o célebre trio de base e mais Altamiro Carrilho na flauta, Orlando Silveira no acordeom e Gilson de Freitas no pandeiro. Pouco tempo depois, o grupo foi contratado pela RCA Victor, passando a gravar regularmente seus próprios discos e acompanhar solistas e cantores variados. Nessa fase, o grupo gravou, além de Choros, arranjos de melodias conhecidas como "Meu limão, meu limoeiro" e "Luar de Paquetá", esta em ritmo de baião. Ao longo de toda a década, o regional de Canhoto acompanhou vários estilos: de Orlando Silva e Nelson Gonçalves a Jackson do Pandeiro e Luís Gonzaga. O repertório junino também foi gravado pelo grupo com sucesso.

Duas características marcantes dessa fase do conjunto foram a divisão dos solos entre a flauta e o acordeom, e a busca de um repertório "mais moderno". É também aí, pelo que apurei junto ao Dino Sete Cordas, que pela primeira vez um regional executou arranjos escritos, no caso, por Radamés e Guio de Moraes.

Alguns anos depois, Altamiro se desligou do grupo para se dedicar ao seu trabalho de maior sucesso, a Bandinha de Altamiro Carrilho. Esse trabalho que evocava as reminiscências interioranas deu a Altamiro impressionante notoriedade, tendo inclusive mantido durante alguns anos programas em televisão. Virtuose da flauta, Altamiro reencontrou anos depois o Regional do Canhoto na gravação de seus melhores discos, os LPs *Choros imortais vols. 1 e 2*.

Para o lugar de Altamiro foi convidado Carlos Poyares. Capixaba e quatro anos mais jovem que Altamiro, Poyares foi, sem dúvida, um bom continuador da linhagem Benedito Lacerda-Altamiro, permanecendo no grupo até sua dissolução, com o fechamento da Rádio Mayrink Veiga.

* * *

A partir de 1964, com a dissolução do *cast* da Rádio Nacional, o fechamento da Mayrink Veiga e o fortalecimento da televisão, os conjuntos regionais começaram a perder seu mercado de trabalho, ficando restritos muitas vezes às atividades de lazer como serestas e festas de subúrbio.

No começo dos anos 1970, ainda era possível ouvir, em rádios no Rio de Janeiro, programas com o regional do bandolinista Niquinho ou o conjunto de Claudionor Cruz, sempre em emissoras de pouca audiência e em horários alternativos. Aos poucos, esse pouco que restava foi desaparecendo e fazendo com que duas coisas tão associadas como o rádio e os conjuntos regionais se desligassem para sempre.

Garoto com o violão tenor dinâmico, instrumento de patente brasileira.

13.
GAROTO E O CHORO EM SÃO PAULO

Um dia nos anos 1960 o poeta Vinicius de Moraes, num misto de porre e revolta, decretou:

— São Paulo é o túmulo do samba...

Ainda hoje, quando se sofre com a baixa qualidade de segmentos do "pagode paulista", o diagnóstico de Vinicius volta a ser discutido. Quanto ao Choro, a qualidade e a quantidade de nomes vindos de São Paulo fizeram desaparecer o descrédito há muitas décadas.

Nos anos 1930, predominava em São Paulo a Rádio Record, que foi responsável por diversas promoções com o intuito de levar até São Paulo artistas então em voga na capital da república. Uma dessas promoções aconteceu em 1936, quando Sílvio Caldas foi se apresentar no Teatro Santanna, ao lado de Nonô (Romualdo Peixoto, pianista), Luís Barbosa e Aracy de Almeida, todos grandes ases do rádio carioca.

Um diálogo ocorrido num ensaio para essa apresentação, e relatado pelo violonista Aimoré, mostra que existia um certo menosprezo dos artistas cariocas em relação ao pessoal do Choro de São Paulo.

Quando Garoto e Aimoré foram apresentados ao grupo de artistas vindos do Rio, Nonô fez um comentário com Sílvio Caldas:

— Acho bom você não chamar ninguém, sabe como é paulista no Choro.

O violonista Armandinho Neves, que tinha a função de arregimentar valores do meio musical paulista, retrucou:

— Nonô, é melhor você ouvir primeiro os rapazes e falar depois.

Dito isto, Garoto e Aimoré foram chamados ao Teatro Santanna trazendo violão, violão tenor, cavaquinho, banjo, bandolim e guitarra havaiana. Chegaram querendo mostrar serviço. Garoto ameaça tocar guitarra havaiana e é interrompido por Sílvio Caldas, que diz:

— Não toca este instrumento, pode ficar mal para você, estamos acostumados a ouvir Gastão Bueno Lobo, aquele guitarrista que tocou até nos cassinos do Cairo.

Garoto soltou a guitarra para pegar o bandolim, mas foi novamente interrompido:

— Ei, Garoto, você acha que vai fazer bonito tocando bandolim? Olha que nós somos de onde toca o Luperce Miranda.

Garoto, furioso, apanhou o violão tenor, Aimoré o violão e começaram a tocar sem aceitar novas interrupções. A música se impôs, não era preciso falar mais nada. Apenas Armandinho sorria satisfeito, certo de que vencera aquela batalha.

Este episódio envolve três dos mais ativos chorões paulistas que serão inventariados a seguir.

Figura onipresente no Choro paulista desde a década de 1910 até seu desaparecimento em 1976, o violonista Armando Neves nasceu em Campinas em 1898 e teve como sua primeira ocupação o futebol, chegando a jogar na Ponte Preta e no Guarani. Mais tarde, transferido para o Corinthians, veio para São Paulo e passou então do futebol ao violão. Sem nunca ter estudado teoria musical, foi um compositor bastante sofisticado.

A partir de 1926, Armandinho começou a trabalhar na Rádio Educadora Paulista, onde criou o primeiro conjunto regional de que se tem notícia na cidade. Participou ainda da primeira transmissão radiofônica entre São Paulo e Rio de Janeiro, realizada nesse mesmo ano.

Em 1927, ele integrou o grupo Os Turunas Paulistas, organizado por Américo Jacomino — conhecido também como Canhoto e autor da famosíssima valsa "Abismo de rosas". No ano seguinte, participou de apresentações ao lado de João Pernambuco, João dos Santos (autor do célebre "Paulista"), Levino Albano da Conceição e muitos outros. A partir dessa época passou a ser o chefe do conjunto da Rádio Record, onde permaneceu até 1956. Um período em que essa Rádio teve destaque na capital paulista.

Como compositor, Armandinho Neves se destaca pela delicadeza e lirismo. Poucas de suas composições chegaram ao público, gravadas por Antônio Rago, Aimoré e Geraldo Ribeiro, que dedicou um LP inteiro à obra de Armandinho em 1970. Logo após a morte do compositor, em 12 de outubro de 1976, foi feito um LP do qual participaram vários violonistas, inclusive Paulinho da Viola.

* * *

Em junho de 1915, nasceu na Vila Economizadora, vila operária situada no bairro da Luz em São Paulo, Anibal Augusto Sardinha.

Desde muito cedo demonstrou excepcional habilidade para instrumentos de corda, e já aos doze anos, sob o nome artístico de Moleque do Banjo, excursionava pelo interior de São Paulo ao lado de Paraguassu (cantor muito famoso na época), que na verdade se chamava Roque Ricciardi.

Conhecido como o "Italianinho do Brás", Paraguassu na verdade nasceu no Belenzinho. As excursões com Paraguassu, em espetáculos que misturavam ainda o humor do comediante Batista Jr. (pai de Linda e Dirchinha Batista), marcaram o começo da vida artística de Garoto em 1927. Três anos mais tarde, ele faria suas primeiras gravações na Parlophon de São Paulo, ao lado do violonista Aimoré (José Alves da Silva, também paulista e sete anos mais velho), um companheiro de muitos trabalhos nas emissoras de rádio da capital paulista.

Em 1939, Garoto foi para os Estados Unidos com Carmen Miranda e o contato com a música jazzística lhe causou um enorme impacto, refletido mais tarde em sua obra.

É dessa fase de colaboração entre Garoto, Carmen Miranda e o Bando da Lua o genial solo de violão tenor feito na música "South American way", deliciosamente coreografado no filme *Radio Days*, de Woody Allen. O fantástico desempenho de Garoto chamou a atenção de músicos como Duke Ellington e Art Tatum, que foram assistir às apresentações de Carmen Miranda e manifestaram sua admiração pelo virtuose brasileiro.

A partir dos anos 1940, Garoto se fixou no Rio de Janeiro, onde foi um dos grandes astros da fase áurea do rádio. Primeiro brilhou na Rádio Mayrink Veiga e depois na Rádio Nacional, onde trabalhou em contato diário com o maestro Radamés Gnattali, que o influenciou e incentivou. Existe inclusive uma nota publicada no *Diário de Notícias*, de 1944, com o título "Gostas disto maestro?". Na foto, aparece Garoto nos corredores da Rádio Nacional, mostrando uma composição recente para Radamés e este aprovando o resultado.

Garoto sempre esteve ao lado de Gnattali até os últimos anos de sua vida e a influência do maestro em suas composições é perceptível. Por outro lado, Radamés tinha tanta admiração por Garoto que lhe dedicou o "Concertino nº 2 para violão e orquestra". Só depois de muita luta contra o preconceito é que Garoto pôde estrear o Concertino no Teatro Municipal do Rio de Janeiro, em 1953. O maestro Eleazar de Carvalho, que regeu a estreia, chegou a dar uma entrevista ironizando a situação: "Vejam só onde fui chegar, hoje em dia eu rejo até violão".

Nesse mesmo ano, surgiu em disco o Trio Surdina, formado por Garoto, Fafá Lemos no violino e Chiquinho do Acordeom. Esse grupo, que se apresentava com tal nome para não revelar suas verdadeiras identidades e driblar exclusividades contratuais com outras gravadoras, foi o primeiro lançamento de um selo que marcaria época na música brasileira, a Musidisc. O Trio Surdina era uma conversa entre craques, combinando virtuosismo e bom humor. Em alguns momentos, os diálogos entre Garoto e Fafá lembram o célebre duo de Stéphane Grappelli com Django Reinhardt, um ícone da era do *swing*. Aliás, a influência de Django Reinhardt no fraseado de Garoto felizmente é hoje em dia aceita sem traumas. O Trio Surdina lançou alguns discos, inclusive um com Orlando Silveira substituindo Chiquinho, mas teve uma existência efêmera em virtude da morte de Garoto dois anos depois.

Ainda em 1953, Garoto compôs em parceria com Chiquinho do Acordeom o seu maior sucesso, o dobrado "São Paulo Quatrocentão", uma homenagem ao quarto centenário da capital paulista. Seus autores foram muito felizes ao evocar o caráter interiorano, com um dobrado bem tradicional, que tem em sua terceira parte uma espécie de tarantela abrasileirada. Quando foram ao escritório da gravadora para a assinatura do contrato de "São Paulo Quatrocentão", Chiquinho e Garoto foram indagados sobre o que eles poderiam gravar do outro lado do 78 rotações. Garoto afirmou na hora:

— Do outro lado vamos gravar o "Baião do rouxinol".

Ao esperar o lotação, na saída da gravadora, Chiquinho perguntou a Garoto como era o "Baião do rouxinol", que ele nunca tinha ouvido falar. Garoto, mais experiente, o acalmou:

— Vamos ter que fazer esse baião agora, para gravar amanhã; senão vamos dar carona pra alguém, pois este disco vai vender muito.

O êxito foi colossal: 700 mil cópias vendidas e direitos de cerca de US$ 30 mil para cada autor/intérprete. Isso sem falar do que gerou a gravação com letra de Avaré e cantada por Hebe Camargo.

Nesse período, Garoto alugou um sítio em Areal, vizinho à casa de Radamés, na região serrana próxima ao Rio. Lá passava seus dias de folga sentado na beira de um rio com o violão, pesquisando incessantemente as possibilidades do instrumento e criando composições em tonalidades impensadas, como o dó sustenido maior (caso do choro "Sinal dos tempos"). Penso que, se não tivesse morrido de um enfarte fulminante em 1955, Garoto certamente teria sido o maior compositor de violão de todos os tempos.

Partindo do Choro, da musicalidade chorística, ele sabia amalgamar informações oriundas do jazz e da música de concerto, fazendo com isso um tipo de composição altamente moderna, comunicativa, tecnicamente bem resolvida e que hoje em dia é tocada pelos violonistas de todas as tendências e em várias partes do mundo.

* * *

Em 1929, surgiu um grupo que marcou época: a Orquestra Colbaz, dirigida pelo maestro Gaó. Organizada para atuar na gravadora Columbia paulista, a orquestra contava com Gaó ao piano, Atílio Grani na flauta, José do Patrocínio Oliveira (Zé Carioca) no bandolim, Hudson Gaia (o Petit) no violão, Jonas Aragão no sax-alto, José Rielli no acordeom e Ernesto Trepiccioni no violino. O grupo, espécie de elite do Choro paulista, gravou músicas como "Tico-tico no fubá" e "Branca", de Zequinha de Abreu, e também composições como "Aguenta Calunga", "Não estrila" e "Surpresa", de Atílio Granni, e "Arreliento", de Gaó. A presença do violino e do acordeom deu ao grupo um timbre bem original, diferenciando-o dos grupos do Rio.

Também o sexteto Bertorino Alma, organizado por Alberto Marino (violinista), teve êxito nesse período em São Paulo. É um grupo do qual participaram o próprio Alberto Marino e Gino Alfonso nos violinos, Antenor Driussi no clarinete e sax-alto, Ernesto Nardi no contrabaixo, Garoto no violão e Gaó no piano. Pela instrumentação, pode-se ter uma ideia do quanto o Choro paulista caminhava mais para o romântico, o clima de serenata, enquanto no Rio o objetivo era o balanço, a brejeirice.

Em 1936, Gaó trocou o rádio paulista pelo carioca, indo dirigir a orquestra da Rádio Ipanema. Nessa mudança, convidou um músico que brilharia para sempre no Rio, Copinha.

Nascido Nicolino Cópia em 1910, na capital de São Paulo, sétimo filho de extensa família em que todos os homens eram músicos, Copinha começou a estudar bem cedo e, dentre os instrumentos que seus irmãos tocavam, escolheu a flauta. Conseguiu seu primeiro emprego com catorze anos, tocando em orquestra de cinema mudo. Depois de incorporar também o clarinete e o sax, Copinha passou a atuar em rádios e gravações, até que Gaó o trouxe para ao Rio, onde, além da rádio, atuou, entre 1939 e 43, à frente do conjunto do Copacabana Palace e mais tarde no Cassino da Urca e no Quitandinha. Um circuito muito chique.

Copinha sempre optou por trabalhar com grupos não muito grandes, o que fez com que um de seus grupos fosse contratado em 1966 para tocar no cassino de Monte Carlo. Lá ele misturou sucessos da bossa nova com música brasileira tradicional, sempre com muito bom gosto.

A partir dos anos 1970, Copinha passou a integrar a orquestra da TV Globo e o conjunto do compositor, violonista e cantor Paulinho da Viola, no qual atuou também como arranjador. No final de sua vida, gravou alguns discos muito interessantes, o primeiro deles produzido por Élton Medeiros para a gravadora Som Livre, em que remonta sua atuação ao lado de grupos de *dancing*. Gravou ainda um disco como solista para o Museu da Imagem e do Som, inteiramente dedicado à obra de Bonfiglio de Oliveira. Seu último trabalho foi produzido pelo compositor e cantor Fagner para a CBS e, de certa maneira, resume sua trajetória, com participações brilhantes de Radamés Gnattali, Zé Bodega e Raphael Rabello, entre muitos outros.

* * *

Outro instrumentista que teve atuação destacada nos meios chorísticos de São Paulo foi Antônio Rago. Paulista da capital, nascido em 1916, Rago começou cedo e aos vinte anos já tocava no conjunto de Armandinho Neves na Rádio Record. A partir de 1942, foi o diretor do regional da Rádio Tupi de São Paulo, onde atuaram, entre outros, Siles no clarinete (Wanderley Taffo, nascido em Ribeirão Preto, em 1926), Esmeraldino Sales no cavaquinho (São Paulo, 1916) e Orlando Silveira no acordeom. Curiosamente, o chorão Rago teve como maior sucesso o bolero "Jamais te esquecerei".

Esmeraldino Sales se destacou entre os chorões de sua época pela maneira de compor e harmonizar. Curiosamente, não executava o que compunha e o pouco que se ouviu de sua obra deixa no ar uma forte impressão de modernidade, como em seu Choro mais conhecido, "Uma noite no Sumaré".

Outro núcleo que aglutinou bons músicos foi o Conjunto Atlântico, organizado pelo violonista Antônio D'Auria em 1950. Do grupo fizeram parte inicialmente, entre outros, Amador Pinho no bandolim, Jayme Soares no cavaquinho e o pandeirista Oswaldo Bitelli, além de D'Auria no violão e mais tarde no sete cordas. Embora tenha sido convidado a gravar, o grupo optou pelo amadorismo em função de todos os seus componentes serem operários.

Em meados dos anos 1950, o meio chorístico paulista foi enriquecido pelo aparecimento de dois irmãos de muito talento: Izaías e Israel Bueno de Almeida. Filhos do clarinetista de orquestra Benedito Bueno de

Roda de Choro em São Paulo nos anos 1950.
Sentados: Pery Cunha, Amador Pinho, Gumercindo e Antônio D'Auria.
Em pé: Gentil do Pandeiro, Juracy Barreto (Barão) e Jayme Soares.

Almeida, começaram ainda meninos, Izaías com dezesseis e Israel com doze, em 1953, a atuar em programas de calouros, chegando a formar um conjunto com o violonista Antônio Edgard Gianor.

Três anos depois, Izaías foi apresentado por Jacob do Bandolim na segunda Noite dos Choristas, e a partir daí se tornou o mais respeitado bandolinista de São Paulo. Sempre disposto a improvisar, Izaías não teve para isso o apoio de Jacob, que lhe dizia:

— Toque só a música, que ela já é bonita como o autor fez...

Felizmente, o bandolinista era rebelde e continuou dando suas contribuições pessoais, que enchem de originalidade suas interpretações.

Diferentemente do irmão, totalmente apegado ao Choro, Israel pegou o bonde da bossa nova e tocou guitarra em conjuntos de iê-iê-iê. Mais tarde enveredou pelo jazz e estudou violão clássico, mas nunca se distanciou completamente do Choro.

Com o programa *O Choro das sextas-feiras*, apresentado na TV Cultura a partir de 1973, em que atuava ao lado do Conjunto Atlântico, Izaías passou a ser destaque nacional. Alguns anos depois, criou o Izaías e Seus Chorões, que contava, além de Israel, com Waldomiro Marçola no violão, Dorival Malavasi no cavaquinho, Clodoaldo Coelho da Silva no pandeiro e Valdir Guidi na percussão.

Outro músico de grande atividade nos anos 1970 foi o paraibano que se dizia carioca, Evandro do Bandolim (Josevandro Pires de Carvalho, 1932-1994). Depois de passar vários anos atuando no Rio de Janeiro com o regional de Pernambuco do Pandeiro, Evandro foi para São Paulo e, ao longo de duas décadas, atuou intensamente em shows e estações de TV.

* * *

Após um certo vácuo ocorrido nos anos 1980, São Paulo voltou a mostrar sua presença através de músicos que, depois de experimentarem outros tipos de música, se voltaram para o Choro. Estão neste caso o flautista Antônio Carlos Carrasqueira, o violonista Paulo Bellinati e o multi-instrumentista Naylor Azevedo, o Proveta, para citar os mais ativos. Outro trabalho consistente é o do dublê de jornalista e bandolinista Luís Nassif. Os grupos atuais de maior destaque são o Nosso Choro, em que se destacam o bandolim e cavaquinho de Miltinho e o violão de Zé Barbeiro, e o Papo de Anjo, em que brilham os sopros de Zezinho Pitoco e o violão de Edmilson Capelupi.

14.
JACOB, O CHORO LEVADO A SÉRIO

Da união entre um farmacêutico capixaba e uma imigrante do leste europeu muitos anos mais nova se forjou o músico de mais forte personalidade de toda a história do Choro, Jacob do Bandolim.

Jacob Pick Bittencourt nasceu no bairro de Laranjeiras, no Rio de Janeiro, em 14 de fevereiro de 1918, e foi criado na Lapa, na rua Joaquim Silva, uma rua de pensões e bordéis de luxo onde pontificavam as francesas e as polacas. Ali, no sobrado de número 97, Jacob passou toda a infância e a adolescência. No andar térreo do sobrado morava um francês que ficara cego na guerra e tocava violino. Fascinado pelo som, Jacob pediu um violino para a mãe e, enjoado do arco, passou a pinicar as cordas com grampos de cabelo. Depois de muitas cordas arrebentadas, uma vizinha deu o diagnóstico:

— Esse menino está querendo tocar é bandolim!

E, assim, Jacob ganhou seu primeiro instrumento, um bandolim de cuia tipo napolitano.

Do outro lado da rua morava dona Valentina, que trabalhava na Victor como secretária de Mr. Evans, o diretor artístico, e cuja casa era frequentada por artistas como Carmen Miranda, Patrício Teixeira, Lamartine Babo e Luís Americano. Foi com o clarinete de Americano que Jacob ouviu um Choro pela primeira vez, era "É do que há", que ele gravaria no bandolim anos mais tarde.

Em dezembro de 1933, Jacob tocou pela primeira vez em uma estação de rádio, era a *Hora do Amador Untissal* (antisséptico cicatrizante, antecessor do mertiolate). Com o Grupo do Sereno tocou o choro "Aguenta Calunga", do flautista paulista Atílio Grani. O resultado não entusiasmou Jacob, que preferiu continuar estudando.

Após acompanhar fadistas e guitarristas portugueses com o violão durante algum tempo, Jacob iniciou de fato sua carreira de solista ao ganhar o concurso do *Programa dos Novos*, da Rádio Guanabara, organizado por Eratóstenes Frazão e pelo jornal *O Radical*.

O grupo Jacob e Sua Gente era composto por Valério Farias, o Roxinho, e Osmar Menezes nos violões, Carlos Gil no cavaquinho, Manuel Gil no pandeiro e Natalino Gil na percussão. O conjunto começou a atuar em diversas rádios e chegou a substituir o regional de Benedito Lacerda, o de maior renome na época, no acompanhamento de cantores.

Em 1939, na Rádio Ipanema, Jacob conheceu o violonista César Faria, que o acompanharia por toda a carreira. Nascido em 24 de fevereiro de 1919, na rua 5 de Julho, em Copacabana, Benedito César Ramos de Faria começou a tocar violão quando servia ao Exército no Forte de Copacabana. Seu colega Edvar de Almeida Pires, o Piranha, ensinou as primeiras posições e César passou a frequentar a Rádio Ipanema, em cima do Cassino Atlântico, no Posto Seis.

Com a morte de Osmar do violão, Jacob teve que encontrar um novo violonista para seu conjunto e foi ouvir César. O próprio César descreve o encontro, com sua habitual simplicidade:

— Fomos para o terraço do Cassino e lá Jacob foi tocando e eu acompanhando.

Embora César afirme que havia muitos violonistas com mais conhecimento e experiência do que ele, a partir de então ele se tornou o fiel escudeiro de Jacob.

* * *

Depois de um começo tão promissor, era natural que Jacob se tornasse um profissional do rádio e do disco, mas não foi bem isso que ocorreu. Suas atividades musicais continuaram semiprofissionais e seguiram em paralelo com inúmeras ocupações, tais como: prático de farmácia, vendedor pracista, agente de seguros e de títulos diversos, vendedor de material elétrico, parafusos, sabão a granel, material de papelaria etc. Foi ainda dono de um laboratório e duas farmácias.

Em 1943 Jacob se afastou do trabalho em rádios e, no ano seguinte, prestou concurso e foi nomeado escrevente juramentado da justiça, profissão que exerceu até sua aposentadoria. Não se pode precisar se em função da agilidade nos dedos ou pela prática da função de escrevente, Jacob se tornou um virtuose da máquina de escrever, capaz inclusive de conversar ou solfejar uma música enquanto batia um texto.

Por insistência de Adylia, sua esposa, voltou ao rádio em 1945, passando a atuar na Rádio Mauá com um grupo novo que trazia a base do conjunto com que finalmente chegou ao disco na Continental, em 1947. Esse grupo era formado por César e Fernando nos violões, Pinguim no

Desde cedo, Jacob transparecia elegância e seriedade no som e no visual.

cavaquinho e Luna no pandeiro. O primeiro 78 rpm trazia de um lado o Choro "Treme-treme", de Jacob, e do outro a valsa "Glória", de Bonfiglio de Oliveira, esta a música que se destacou, segundo depoimento do próprio solista.

Os quatro discos lançados até março de 1949 revelaram, além de um ótimo solista e um conjunto preciso, um compositor importantíssimo para a história do Choro. Curiosamente, os Choros "Treme-treme", "Cabuloso" e "Remeleixo" e a valsa "Feia", gravados nessa primeira etapa de sua discografia, mostram um Jacob mais moderno e mais ousado do que se ouviria depois. No Choro "Remeleixo" (que tinha originalmente o título de "Dancing"), o improviso na volta à primeira parte foi feito por Fernando Ribeiro, violonista de nítida influência jazzística.

No início de 1949, Jacob se desentendeu com o departamento comercial da Continental e se transferiu para a RCA. A troca de gravadora mudou muita coisa no trabalho de Jacob, mas de início ele só via vantagens, tanto que, em uma carta de maio do mesmo ano para seu amigo Alberto Rossi, ele afirma: "Espero que com a nova fábrica RCA meus discos sejam postos à venda em tal quantidade, que até nas lojas de cutileiro estarão expostos ao lado de faquinhas, facas e facões".

Nesse mesmo ano ainda, Jacob comprou um terreno em Jacarepaguá e um carro novo — um Morris Oxford grená com banda branca —, e tudo parecia lhe sorrir.

A estreia na nova gravadora foi em grande estilo: de um lado o tango "O despertar da montanha", de Eduardo Souto, e do outro a polca-lundu "Língua de preto", de Honorino Lopes, música de caráter virtuosístico. A repercussão foi tão boa que Garoto, que era contratado da Odeon, gravou no mesmo ano "Língua de preto" em solo de violão tenor, para fazer frente à versão de Jacob.

Essas gravações mostram dois aspectos marcantes no trabalho de Jacob. O primeiro é o resgate de composições que já estavam praticamente esquecidas. O outro é a capacidade de rearranjar e adaptar um repertório composto para outros instrumentos (no caso, piano e flauta), de modo que pudesse executá-lo com bandolim e um regional.

Ao fazer essas adaptações, Jacob muitas vezes mudava trechos da melodia e quase sempre o resultado final era ótimo. É o caso da "reforma" feita no Choro "Murmurando", de Fon-Fon. Havia, porém, quem não gostasse, como o seu amigo Candinho Trombone, que um dia o esperou à saída de uma rádio para reclamar das notas mudadas na execução do clássico "O nó".

* * *

Extremamente caprichoso em suas gravações, e agora apoiado pela gravadora mais eficiente da época, Jacob tendia a assumir sua natural liderança no segmento instrumental, não fosse o estouro de Waldir Azevedo com o "Brasileirinho", em dezembro de 1949.

Foi um duro golpe para Jacob, que até o final de sua vida se referiu a Waldir através de expressões como "o outro" e "som de latrina" (numa referência ao eco de banheiro criado por Norival Reis, técnico de gravação da Continental, para Waldir). Em uma carta ao amigo Rossi datada de janeiro de 1952, dá para notar que o ânimo de Jacob já não era o mesmo:

"Estimado Rossi,

Não sei sinceramente como iniciar. Estou cansado, Rossi, juro-te. Só vejo em volta de mim sofrimento e desânimo. Parece que o destino se compraz em testar-me, supondo talvez que não sou humano, que minhas forças não têm limite. Estou com 33 anos e, todavia, sinto o peso de 70. São raros os momentos de alegria e inúmeros os de tristeza."

Mesmo levando em conta o tanto que Jacob sofria pelos problemas de saúde do filho hemofílico, mais adiante vê-se que sua desilusão é com a carreira artística também:

"O músico só desperta o interesse em último lugar e o contrário só acontece quando ele não é músico de fato. O grande público por sua vez ainda não reconheceu isto, dada sua natural ignorância e o desvio de seu paladar para outros setores artísticos, tais como o canto, o humorismo e as novelas..."

Apesar de tanto negativismo, Jacob prosseguia gravando com a qualidade de sempre, enriquecendo seu arquivo e procurando se aperfeiçoar não só como instrumentista, mas também em leitura musical e solfejo. Em sua extensa correspondência com Alberto Rossi, podemos identificar, numa carta de dezembro de 1952, a proposta de preenchimento de espaço levada a cabo por Jacob:

"Não vês o Garoto? Faz música para os músicos e dá-se mal. O 'outro' as faz para o público. Dá-se bem, mas por pouco tempo. O ideal é aliar uma coisa a outra e manter-se num nível de produção satisfatória."

A implicância de Jacob com o sucesso de Waldir persistiu até o fim de sua vida. Prova é que, mesmo no depoimento do MIS, gravado em um momento de apogeu para Jacob e afastamento para Waldir, o do bandolim não deixou barato.

Numa atitude nitidamente combinada, o filho Sérgio perguntou teatralmente: "Onde o senhor fixa o marco da deterioração, se é que ela houve, da música popular brasileira?". E Jacob, não menos teatral, respondeu: "O marco deteriorador da história da música brasileira foi o 'Delicado'. O 'Delicado' foi a música que começou admitir o absurdo". Segue-se uma série de descrições da música de Waldir como um "amontoado de toleimas, de sandices".

Cerca de um ano depois da mudança para a RCA, as gravações de Jacob passaram a ser acompanhadas pelo regional do Canhoto, o que tirou um pouco da originalidade que cercava seus primeiros registros. Mas a qualidade musical e técnica era bem superior à média da época. Assim, Jacob passou os anos 1950 gravando, pesquisando e aprendendo música.

No último ano dessa década, Jacob realizou na Rádio MEC do Rio de Janeiro uma série de gravações que resgataram autores e repertórios esquecidos. Guiado pelo musicólogo Mozart de Araújo, então diretor da emissora, Jacob deixou gravadas cerca de cinquenta músicas, das quais pouco mais da metade ainda se encontra no acervo da Rádio. Através de um esforço conjunto da emissora e da Sociedade dos Amigos da Rádio MEC, e dentro do Projeto Arquivo Vivo, que tenho grande orgulho de ter idealizado, foi lançado um CD com 24 dessas gravações, remasterizadas e reequalizadas. Uma maravilha.

*　*　*

Jacob deu personalidade própria ao bandolim brasileiro no que tange à forma de tocar. Ao contrário do que já foi publicado, o formato do instrumento que usava não é resultado de suas pesquisas. Jacob tocava um bandolim feito por um português, de acordo com a tradição lusitana do instrumento, uma espécie de cruzamento de bandolim napolitano com guitarra portuguesa.

Quanto à maneira de tocar, penso que três elementos foram decisivos para que Jacob sedimentasse seu estilo. O primeiro foi a natural influência dos solistas em voga na primeira metade da década de 1930, principalmente Luís Americano e, em menor proporção, Benedito Lacerda. O segundo elemento foi o contato com músicos portugueses, de onde tirou os ornamentos de sua interpretação. E, finalmente, o terceiro foi o contato e a confessa admiração por Cincinato do Bandolim.

Músico habilidoso, excelente compositor, Cincinato tocou primeiramente cavaquinho afinado como bandolim e só mais tarde passou ao bandolim de fato. Cincinato andava na barra pesada, era malandro, brigão, um tipo difícil de chegar perto. Ao conhecê-lo, já septuagenário, em casa do cavaquinista Sérgio Prata em 1996, fiquei impressionado com suas composições e com o quanto Cincinato é citado por Jacob. Músicas como "Pérolas", "Voo da mosca" e outras trazem trechos inteiros de músicas de Cincinato.

Waldir Azevedo, o músico de maior sucesso de toda a história do Choro.

15.
"BRASILEIRINHO": O CHORO FAZ SUCESSO

O dia 27 de janeiro tem importância especial para a música, pois foi nele que nasceram Wolfgang Amadeus Mozart e, exatos 150 anos depois, Radamés Gnattali. Mas há ainda outro aniversariante que fez história. Em 1923 nasceu, nesse mesmo 27 de janeiro, na avenida Suburbana, Rio de Janeiro, o músico de maior sucesso comercial de toda história da MPB: Waldir Azevedo. Seus pais queriam que ele fosse padre, mas o seu sonho era ser aviador, o que só não ocorreu por ter sido reprovado no exame médico, em virtude de problemas cardíacos.

Waldir foi um estudante relapso que antes de completar a maioridade já estava empregado em serviços de escritório. Também não levava muito a sério sua vocação para a música. Após tocar bandolim por algum tempo, passou para o violão de seis e sete cordas e, mais tarde, para o violão tenor. Cantando e tocando violão tenor, integrou o grupo vocal Águias de Prata, atuava no Copacabana Palace e gravou um disco na Victor.

Um dia, andando com um vizinho pela Tijuca, foi apresentado a uma moça que de imediato lhe causou enorme simpatia. Era abril de 1944 e, já em setembro, Waldir e Olinda ficaram noivos, para casar em janeiro do ano seguinte, no aniversário de Waldir.

A vida era dura, tempo de guerra, e o jovem casal foi morar em um quarto da casa dos pais de Waldir na rua Oliveira, no Méier, uma ladeira em frente ao antigo cinema e hoje casa de shows Imperator. Em plena lua de mel, Waldir foi chamado para fazer um teste na Rádio Clube, pois precisavam de um cavaquinista para integrar o regional de Dilermando Reis. Apesar de ainda não ser propriamente um especialista em cavaquinho, Waldir não poderia dispensar a oportunidade. O salário era o dobro do que ele ganhava na Light e tinha até carteira assinada. Deixou Olinda na "lua de mel", conseguiu um cavaquinho emprestado e ficou treinando toda a tarde e a noite, para o teste da manhã seguinte. Foi aprovado sem dificuldades.

Com pouco tempo, Dilermando lhe passou o comando do regional, para dedicar-se a sua carreira de solista que despontava e, à frente do regional da Rádio Clube, Waldir acompanhou centenas de cantores, dos mais famosos aos mais anônimos.

Foi ali na Rádio que Waldir começou a mostrar suas composições e uma em especial chamou a atenção de Dilermando Reis e também do técnico de gravações Norival Reis, que trabalhava dois andares acima, no estúdio da Continental. Tanto Dilermando quanto Norival "sopraram" para o diretor artístico da gravadora, o Braguinha, que Waldir tinha um Choro ligeiro com algo especial. Antes de gravar, Waldir tocou "Brasileirinho" um sem-número de vezes na Rádio.

Assim, em fins de 1949, Braguinha desceu dois andares do prédio e convidou Waldir para gravar. A saída de Jacob do Bandolim, que se transferira para a Victor, abria uma lacuna no *cast* da Continental que Braguinha precisava preencher.

Lançado em dezembro, "Brasileirinho" começou imediatamente a tocar no rádio e a vender discos. Tanto é que, logo no início do ano seguinte, Waldir teve a agradável surpresa de receber 240 contos de réis (algo em torno de US$ 16 mil). Ao receber tantas notas, Waldir embrulhou-as em um jornal, pegou um táxi e foi para casa. Ao chegar, falou para Olinda:

— Eu não te disse que um dia eu teria nas mãos duzentos contos de réis? Pois está aí! O que é que a gente vai fazer?

Boa administradora, Olinda soube aplicar bem a bolada. Compraram uma casa antiga e precisando de reformas, bem próxima da casa dos pais de Waldir. Compraram também um apartamento no Grajaú. O sucesso vinha em boa hora, pois uma filha tinha cinco anos e a outra dois e meio. Deu também para comprar um carro novo, um Plymouth; enfim, foi uma considerável melhoria na qualidade de vida de toda a família.

* * *

A única mudança sensível ocorrida na cabeça de Waldir Azevedo com a chegada do sucesso foi a queda do cabelo, que o levou a usar peruca, o que nem sempre lhe caiu bem. No mais, continuava lavando o carro na calçada e batendo papo com a vizinhança.

A sucessão de êxitos continuou com "Pedacinhos do céu", em 1950, e "Delicado", em 1951, levando Waldir a viagens para Argentina e Venezuela, além de inúmeros shows nos quatro cantos do país. O grupo que o acompanhava era formado por Jorge Santos e Francisco Sá (o Chiquinho) nos violões, Risadinha (Moacir Machado Gomes) no pandeiro e por contrabaixistas como Sílvio, Gugu e mais tarde Dalton Vogeler.

Assim, Waldir foi consolidando sua carreira dentro e fora do país, até que em janeiro de 1964 um terrível episódio o fez parar. Um acidente automobilístico com suas duas filhas causou a morte de Mirian, a mais velha. Waldir mergulhou num longo período de depressão. Segundo o depoimento de dona Olinda, Waldir passava dias inteiros olhando pela janela do apartamento, como se esperasse por alguém que não vinha.

Para piorar a situação, Waldir resolveu gravar um disco homenageando a filha recém-falecida, e assim foi feito um compacto duplo de pequena tiragem que continha a valsa "Mirian", "Reencontro", uma faixa em que um locutor da Rádio Nacional lia um texto escrito pelo casal e ainda uma Ave-Maria que Waldir havia feito. Ao sair o disco, um crítico escreveu no jornal que Waldir estava querendo explorar comercialmente o episódio, o que só fez piorar o estado psicológico do músico.

Durante essa fase que durou até 1967, a Continental relançou em LP diversas gravações feitas na década anterior e, dessa forma, manteve a regularidade de um disco anual.

Foi nessa época que Waldir começou a ler e escrever música, e também ocupou o cargo de vice-presidente da União Brasileira de Compositores. Ainda em 1967, Waldir gravou para o selo London da Odeon o LP *Delicado*, seu único disco fora da Continental. Em seu depoimento para o MIS, Waldir justificou esse disco como uma tentativa de manter espaço no exterior, já que nessa época a Continental não tinha mais contratos de distribuição em países como a Argentina e a Venezuela. Com poucas músicas de sua própria autoria e acompanhamento orquestral, *Delicado* é um disco atípico na carreira de Waldir Azevedo.

* * *

Em outubro de 1971, Waldir se mudou para Brasília, acompanhando a filha cujo marido, funcionário do Banco Central, havia sido transferido para a nova capital. Primeiramente foi morar na 308 Sul e, após um ano, se mudou para uma ampla e aprazível casa no Lago Sul.

Nessa casa, com grande área gramada, viveiro com periquitos e piscina, Waldir sofreu um acidente que quase o afastou definitivamente da música. Uma tarde, ele estava lubrificando a máquina de cortar grama, quando tocou o telefone e ele foi atender na cozinha. Ao voltar, distraidamente, ligou a máquina antes de apertar os últimos parafusos. As lâminas saíram do eixo e ele teve decepada a ponta do dedo anelar da mão esquerda. Ao ser socorrido, Waldir não parecia sentir dor e só pensava que agora a música tinha acabado para ele.

No hospital, o médico perguntou pelo pedaço do dedo e pediu que Olinda fosse buscá-lo o mais rápido possível para que fosse viável o implante. Feita a operação, Waldir passou meses com curativos e seriamente desconfiado de que não tocaria mais. No verão seguinte, uma temporada em Cabo Frio ajudaria sua recuperação. No balneário fluminense, ele voltou a dedilhar o cavaquinho, primeiramente com cordas de náilon.

No ano de 1974, levado pelo violonista Hamilton Costa e pelo cavaquinista Assis (o Six), Waldir passou a frequentar as reuniões do Clube do Choro, onde tocava com o citarista Avena de Castro e a flautista Odette Ernest Dias, entre outros. Neste ano ainda, Waldir fez seu retorno ao palco na Sala Martins Pena do Teatro Nacional de Brasília. Embora não acreditasse muito no interesse do público, a sala encheu e o êxito foi absoluto.

A partir daí, Waldir Azevedo passou a ser um nome lembrado em praticamente todos os eventos ligados ao Choro e que ora se multiplicavam. Eram os festivais da TV Bandeirantes, os projetos Sabor Bem Brasil, Seis e Meia e Pixinguinha, o show Choro na Praça, além de inúmeras aparições em TV; em suma, estava na crista de uma onda chorística tão forte quanto efêmera. Waldir voltou a gravar, inclusive parcerias com seus novos companheiros musicais de Brasília.

Em novembro de 1979, Waldir foi homenageado pelos trinta anos de sucesso de "Brasileirinho" no Teatro Municipal de São Paulo, num espetáculo em que participaram também Paulinho da Viola, Ademilde Fonseca e Paulo Moura, entre outros.

Ao completar 57 anos, a saúde de Waldir já não era a mesma. Fumante desde a juventude, tomava remédios para o coração, mas acabou sofrendo a ruptura de um aneurisma abdominal. Após ser transferido de Brasília para São Paulo, para ser melhor assistido, acabou morrendo em 20 de setembro de 1980, depois de uma semana de hospital.

* * *

O que teve Waldir de tão especial para fazer tanto sucesso? Essa pergunta, que certamente martelou a cabeça de Jacob ao longo de anos, deve, a meu ver, ser respondida por partes.

Primeiramente, o instrumentista. Waldir foi um pioneiro. Antes dele ninguém jamais mostrara as possibilidades do cavaquinho. Dono de uma sonoridade avantajada, tocava com a mão direita solta, de maneira a obter grande volume do instrumento. Usava as cordas bem altas para não estalar e, assim, manter seu padrão de sonoridade. Quando começava a tocar causava forte impressão pelo volume e perfeito acabamento.

Como compositor, Waldir tinha o dom de criar temas simples e altamente comunicativos. Suas músicas são um desfile de facilidades, de manobras jeitosas no instrumento, sempre com grande efeito sonoro.

Certa vez, Waldir resolveu fazer umas experiências mais sofisticadas e, depois de aprontar umas músicas, foi levar para Radamés e pedir uma opinião. O velho maestro imediatamente o aconselhou:

— Ô Waldir, não mexe nisso não. Tava tão bom como era...

Assim foi feito e assim continuou dando certo. A chave era justamente a simplicidade.

Uma roda de Choro na casa de Álvaro Carrilho em fins de 1981: Maurício Carrilho, Luiz Otávio Braga, Altamiro Carrilho, Joel Nascimento, o autor, Dazinho e, de costas, Oscar Bolão. Atrás: na janela, César Carrilho (filho de Álvaro), o dono da casa e Paulo Penna Firme com a flauta.

16.
A RODA DE CHORO ONTEM E HOJE

O Choro pode ser ouvido no palco de um teatro, casa noturna ou entre as mesas de um bar, mas não há dúvida que o *habitat* natural dessa música é a roda de Choro, um encontro doméstico.

Para se fazer uma boa roda de Choro não é preciso nenhuma megaprodução, mas o equilíbrio entre diversos fatores é primordial. Primeiro, é preciso um espaço adequado, de preferência uma varanda ou um quintal. Depois, deve haver um equilíbrio entre violões, cavaquinhos etc. Uma roda com seis violões e nenhum cavaquinho está fadada ao fracasso. Há ainda o detalhe mais delicado, que é manter longe as personalidades desagregadoras.

Uma roda de verdade é aquela que mistura profissionais e amadores, gente que toca melhor ou pior, sem nenhum problema. Dos tipos desagregadores, o mais perigoso é o "fominha", que chega na roda carregando três instrumentos e quando começa a solar não para mais. Esse tipo gosta de direcionar o repertório e sempre tira o encanto da festa.

No livro do Animal, a melhor parte é a descrição das rodas das primeiras décadas do século XX. Aí aparece um personagem de vital importância que é a dona da casa, mulatas e crioulas como Durvalina, Mariquinha Duas Covas e Maria da Piedade. Essas mulheres generosas gostavam de Choro e cozinhavam muito bem. Daí passaram a ser importantes promotoras de encontros, em que a fartura da comida e da bebida atraía principalmente músicos em dificuldades financeiras, ou seja, praticamente todos.

O Animal descreve um hábito de músico experiente: ao chegar a uma roda, procurar o fogão da casa e verificar se junto dele havia um gato dormindo. Casa em que o gato dorme no fogão não tem comida.

* * *

As rodas de Choro mais famosas dos anos 1950 e 60 foram sem dúvida as promovidas por Jacob, em sua casa no bairro de Jacarepaguá.

A organização do sarau era algo milimetricamente planejado. Para se ter uma ideia, Jacob por vezes cortava seu ídolo Pixinguinha da lista de convidados. O problema é que o velho mestre costumava carregar uns chatos a tiracolo, especialmente um conhecido como Carijó, de quem Jacob tinha verdadeiro horror. A música vinha de fato em primeiro lugar e a bebida era consumida com parcimônia a intervalos periódicos. O silêncio era total durante a música, e ai daquele que ousasse abrir a boca fora de hora!, pois Jacob não hesitaria em esculhambá-lo publicamente.

Das muitas rodas organizadas por Jacob, algumas se tornaram famosas, como as recepções a Canhoto da Paraíba e outros chorões pernambucanos, ao violonista Oscar Cáceres e ao pianista russo Sergei Dorenski. O jornalista Sérgio Bittencourt, filho de Jacob, descreveu com uma frase o peso da seriedade desses encontros: "O estado de contrição diante de um Choro lá em casa é muito exigido".

* * *

O contrário das rodas da casa do Jacob eram os encontros da turma da Penha desde os anos 1960, onde bebida e brincadeira eram prioridade. Para se ter uma ideia do nível de molecagem dessa rapaziada, que se reunia no bar Santa Terezinha, de propriedade do português apelidado Zé da Garfanha, na rua Francisco Ennes na Penha Circular, um dia o seresteiro Zé Bode (José Gomes) chegou para o violonista Joir do Nascimento e comentou:

— A gente fica fazendo farra nesse bar com nome de santa, isto não tá certo...

Mas em seguida o próprio Zé apresentou uma solução:

— Pois então, de agora em diante, vamos chamar este lugar de Suvaco de Cobra.

Em seguida foi criado o símbolo do Suvaco, com uma garrafa de cachaça em forma de violão e uma ferradura, esta homenageando a fineza de hábitos do dono do bar.

Era nesse botequinzinho que se marcavam encontros, verdadeiras concentrações para serenatas em Paquetá, tocatas em cidades próximas ou simplesmente para ficar por ali mesmo tocando e cantando. Além de Joir, Joel e Zé Bode, se destacavam figuras como o bandolinista Motinha, o clarinetista Bico Doce (famoso pelos ataques de tosse que interrompiam suas interpretações), Bellini, dono de um fusquinha que era usado para transportar às vezes até onze pessoas, Waldir Caciporé, apelidado de O Porco que Ri, o violonista Weber, que era cortador de defuntos do Instituto Oswaldo Cruz, entre muitos outros de características e ocupações não menos exóticas.

Um episódio curioso aconteceu no dia em que a turma do Sovaco de Cobra foi fazer uma roda de Choro na casa do Jim, um rapaz muito tímido e que era casado com uma mulher de bigodes, muito brava e de quem todos da turma tinham o maior medo.

Tudo transcorria calmamente na meia-água do subúrbio da Brás de Pina, entre guaranás e sanduíches de mortadela, até que começou a circular entre os chorões o que no subúrbio costuma se chamar de cachorro 90. É aquele tipo de vira-lata magrinho, com o rabo pra cima e retorcido fazendo o desenho de um nove, e, bem, o desenho do zero vocês podem deduzir o que é.

Sem motivo aparente, o cãozinho se agarrou à perna do bandolinista Motinha, e durante a execução da polca "Língua de preto" não parou de se esfregar eroticamente, para desespero do instrumentista. Motinha sacudia a perna tentando se livrar do animal, sem perder o compasso da música. Ao final da execução, Motinha guardou o bandolim, pegou o cãozinho e colocou-o no colo, passando agora ele à esfregação. E diante de seus companheiros assustados declarou:

— É, agora é minha vez...

A mulher do Jim botou a turma toda pra fora e nunca mais tentaram fazer outra roda de Choro por lá.

* * *

A roda de Choro sempre foi uma espécie de Clube do Bolinha, haja vista o livro do Animal que, entre centenas de nomes, cita pouquíssimas mulheres, sendo que a única musicista citada, para variar, foi Chiquinha Gonzaga.

Na página 168 encontramos uma descrição que dá bem a ideia da importância da presença feminina nas rodas de Choro do início do século XX: "Morei em um quarto com João Quadros na rua Miguel de Frias e ali todos os dias fazíamos farras imensas. Principiávamos em 1º de janeiro e terminávamos em 31 de dezembro. No nosso quarto fazíamos belos pitéus, acompanhados de competentes bebidas que eram a granel. Aparecia nestas festas cotidianas grande quantidade do belo sexo. Cada uma destas componentes tinha sua missão. Uma matava e depenava as galinhas, outra temperava, outra fazia os doces e finalmente todas trabalhavam com o maior gosto".

Até hoje as relações entre mulheres em geral (de chorões ou não) e a roda de Choro não são lá muito boas e posso mesmo descrever aqui algumas modalidades de comportamento feminino nesses ambientes.

Um tipo que já foi comum, mas hoje tem rareado, é o daquela que, ao chegar na casa onde haverá a reunião, se dirige diretamente para a cozinha e pergunta:

— Vocês estão precisando de ajuda?

Dito isto, arranja algum serviço por lá e assim escapa da falta do que fazer.

Outro tipo comum é a mulher de chorão que dorme horas a fio no sofá, chegando por vezes a roncar. Quando acordada, porém, gosta de deixar claro seu profundo respeito pelos músicos e pela música que está sendo executada.

Um tipo mais moderno é o da mulher participante, que observa a roda atentamente e torce por bons desempenhos do marido. Esse tipo gosta de emitir opiniões que, mais cedo ou mais tarde, vão deixar claro o seu mais profundo desconhecimento da matéria.

Uma variante da vertente feminina participante é formada pelas mulheres que ameaçam cantar ou sacudir um chocalhinho de lata de cerveja. É um tipo perigoso que está sempre disposto a transformar uma roda de Choro num pagode, puxando sambas de gosto duvidoso.

Ultimamente, com o aumento de musicistas no meio chorístico, as rodas vêm perdendo pouco a pouco a fama de "Clube do Bolinha".

* * *

As melhores rodas de Choro dos anos 1980 foram realizadas no quintal da casa de Álvaro Carrilho, na rua Conde de Agrolongo, na Penha. Pai de Maurício, irmão de Altamiro e também excelente flautista, Álvaro é um festeiro nato. Em poucas horas armava uma festa irretocável, sempre contando com os quitutes de dona Zélia, sua esposa e cozinheira admirável. Tudo isso, em um quintal repleto de mangueiras, dava a esses encontros um toque mágico. Foram tardes, noites e madrugadas memoráveis.

Hoje em dia, com os apertos financeiros pelos quais todos temos passado, está difícil encontrar quem promova rodas de Choro com assiduidade. Honrosa exceção é o arquiteto Alfredo Brito, que, em sua agradável casa em Santa Teresa, realiza há mais de vinte anos uma roda no primeiro sábado do ano. De algum tempo pra cá, Alfredo acrescentou outra roda na programação, realizada no primeiro sábado da primavera e batizada de "Choro das flores".

Com o renascimento do bairro boêmio da Lapa, no centro do Rio, o Choro começou a ser mais tocado em bares e dançado. A meu ver, isso se deu em função de dois fatores. O primeiro foi a necessidade de espaço para uma nova geração de músicos e o segundo, o surgimento de sistemas de sonorização que proporcionaram maior volume sonoro aos grupos de Choro.

Do ponto de vista estilístico, o repertório que é dançado na Lapa de hoje tende marcadamente para o maxixe e o samba.

Severino Araújo e sua Orquestra Tabajara em uma estação de rádio.

17.
OS SOPRISTAS DO CHORO E O JAZZ

O mestre da banda de Limoeiro, interior do estado de Pernambuco, José Severino de Araújo, teve cinco filhos músicos. Dentre eles, Severino, um dos pioneiros na fusão dos elementos jazzísticos e chorísticos.

Severino começou a estudar com o pai aos seis anos, em 1923; aos doze fez seu primeiro arranjo, para a banda dirigida pelo Seu José, e aos dezesseis já escrevia sucessos de carnaval, inclusive com as modulações tão comuns na época. Em 1936 foi para a Banda da Polícia Militar da Paraíba como primeiro clarinetista e de lá começou sua vida profissional.

Cerca de três anos antes, havia sido organizada uma orquestra nos moldes norte-americanos para atuar na recém-inaugurada Rádio Tabajara de João Pessoa. Um descendente de holandês, o sr. Von Choster, rico, saxofonista e amante do jazz, se uniu ao violinista paraibano Olegário de Luna Freire. Com arranjos trazidos dos Estados Unidos e da Europa, montaram uma orquestra com a elite musical da capital paraibana.

Pouco tempo após chegar a João Pessoa, Severino foi chamado para atuar na já afamada Orquestra Tabajara e quando o regente Olegário morreu, em dezembro de 1938, era ele o substituto natural para o comando do grupo. Mas o rapazinho de 21 anos fez algumas exigências para assumir o cargo.

Fã das orquestras americanas, que ouvia diariamente nas transmissões em ondas curtas que eram facilmente captadas em João Pessoa, Severino quis reproduzir o som mais encorpado que ouvia no rádio. Caso raro de músico que assume sem culpas a influência norte-americana, Severino já tinha como ídolo àquela época o genial Benny Goodman, clarinetista que fez enorme sucesso no início dos anos 1930. E assim, o que era uma orquestra de salão (dois trompetes, três sax, trombone e base) cresceu, tornando-se uma big band brasileira.

Por essa época, Severino passou a orquestrar regularmente, lançando mão de um repertório predominantemente americano. Somente com a vinda para o Rio, em agosto de 1944, é que o maestro teve a ideia de traduzir para a linguagem americana de orquestração sambas e demais ritmos brasileiros de sucesso. E assim, a convite do pistonista Porfírio Costa (autor do célebre Choro "Peguei a reta"), Severino veio para o Rio trabalhar como arranjador na Rádio Tupy.

* * *

Logo após a chegada à capital da república, Severino notou que as orquestras de dança daqui só tocavam samba com a base e os cantores na hora em que os sopros descansavam. Quando em 1945 veio o resto da turma, a Orquestra Tabajara já estreou no Rio com um repertório diferente: sambas e choros arranjados à maneira norte-americana. Entenda-se por resto da turma inclusive os irmãos Plínio (baterista), Manuel (trombonista), Jaime (saxofonista e flautista) e José, que ficou conhecido como Zé Bodega, considerado o maior sax-tenor de todos os tempos na música brasileira.

Logo vieram as primeiras gravações na Continental e, em ainda em 1945, saíram os discos com o Choro de Severino "Espinha de bacalhau" e o samba exaltação de Braguinha e Alcyr Pires Vermelho "Onde o céu azul é mais azul". Na mesma tarde, a Tabajara gravou ainda "Um chorinho em Aldeia" e "Guriatã de coqueiro". O sucesso dessas gravações foi reforçado pelo estouro da versão em ritmo de samba da "Rhapsody in blue" de George Gershwin. A partir daí, muito Choro foi gravado com orquestra, não só pela própria Tabajara, mas também pelas orquestras de Fon-Fon, Francisco Sergi, Guio de Moraes, Maestro Chiquinho e muitas outras.

O repertório dessa nova fase do Choro revelou bons autores, como o trompetista Porfírio Costa, que, além do já citado "Peguei a reta", teve gravados pela Tabajara outros bons choros como "Passou" e "Açude velho", e principalmente o norte-rio-grandense Sebastião Barros, o K--Ximbinho.

Músico da Tabajara entre 1938 e 1942, K-Ximbinho veio nesse ano para o Rio, passando a atuar na Orquestra de Fon-Fon. Foi músico de diversas outras orquestras, inclusive da Sinfônica Nacional da Rádio MEC, onde se aposentou.

Na orquestra da TV Globo foi o segundo sax-alto num naipe que contava ainda com Netinho, Biju, Walter Rosa e Januário, um time de craques. Nesta mesma emissora, pouco antes de sua morte, em junho de 1980, foi promovido a maestro arranjador. Embora tenha sido um bom instrumentista, foi como compositor que K-Ximbinho se destacou, realizando um casamento perfeito entre o Choro e os elementos harmônicos oriundos do jazz.

Para se ter uma ideia da modernidade do autor de "Sonoroso", em 1951 K-Ximbinho foi estudar com o então guru da vanguarda, o alemão Hans Joachim Koellreutter. Compondo Choros que por vezes sugeriam acompanhamentos tipo bossa nova, K-Ximbinho esteve presente até os anos 1970, quando venceu o 2º Festival Nacional do Choro — Carinhoso, da Rede Bandeirantes de Televisão, com "Manda brasa", por sinal um de seus Choros de caráter mais tradicional. Em meio à discussão que se travava sobre inovar ou não o Choro, K-Ximbinho deu uma entrevista em que disse muito modestamente: "Modernizei meu choro, sem descuidar do roteiro tradicional". Além de "Sonoroso" e "Eu quero é sossego", músicas de K-Ximbinho como "Ternura", "Mais uma vez" e "Kachimbodega" (dedicado ao Zé Bodega) têm tido execução constante nas rodas de Choro de hoje em dia.

* * *

Mas não foi só através da turma que veio do Nordeste que o Choro e o jazz foram se aproximando. Havia em atividade no Rio um saxofonista que adaptava choristicamente o estilo de Benny Carter. Seu nome era Pascoal de Barros e, de seu repertório, o que ficou mais conhecido foi "Teclas pretas", um Choro de difícil execução e que teve em Zé Bodega seu intérprete ideal.

Mesmo antes da atuação desses sopristas, o casamento do Choro com o jazz já estava em andamento. Radamés Gnattali, além de criar os revolucionários temas do Trio Carioca, já havia escrito, no início da década de 40, uma série de Choros para serem tocados por naipes de saxofone. Em torno de Radamés gravitaram muitos músicos que trabalhavam nessa fronteira, como Garoto, Bola Sete e Laurindo Almeida.

Apesar de tão bem cercado de instrumentistas de cordas, foi mesmo através dos sopros que Radamés ampliou suas experiências. Em 1949, gravou, num memorável duo de piano com o sax-tenor de Zé Bodega, o Choro intitulado "Bate-papo".

Radamés, por essa época, se aproximou também de outro saxofonista, mas pelo motivo contrário. O baiano Sandoval Dias era vítima de preconceito dos colegas de instrumento por não tocar jazz. Além de Choros como "Amigo Pedro" e "Pé ante pé", Radamés dedicou a Sandoval a belíssima "Brasiliana nº 7", para sax-tenor e piano, uma mostra da perfeita adaptação do instrumento à música brasileira.

Mas, de tudo o que escreveu para saxofone, Radamés se esbaldou mesmo foi quando conheceu um rapazinho de sonoridade e fraseado especiais chamado Paulo Moura.

Assim como Severino, Paulo também nasceu numa família de músicos do interior e filho de um mestre de banda. Com treze anos já animava festas em um "clube de negros", mas que, segundo um irmão de Paulo, era frequentado por "brancos sem-vergonha" também. Aos dezenove anos, em 1951, já morando no Rio, era efetivo da Orquestra de Oswaldo Borba. Pouco depois passou a atuar naquela que era considerada a melhor orquestra de sopros, fora a Tabajara: Zacharias e sua Orquestra. Em 1953 viajou com Ary Barroso para o México. Aos vinte anos, já formado na Escola Nacional de Música, prosseguiu seus estudos com Guerra Peixe, José Siqueira e Moacyr Santos, tornando-se arranjador.

O próprio Paulo conta que, apesar da fama da Rádio Nacional e do fato de três dos seus irmãos tocarem lá, ele preferia atuar na Rádio Tupy, trabalhando com os maestros Zacharias, Severino Araújo e Cipó: "A Tupy era melhor pra quem gostava de música. O grau de experimentação nos arranjos era de tal ordem, que um dia a direção da Rádio fez uma circular aos arranjadores avisando: 'É proibido acordes americanos', preocupados que os ouvintes estranhassem".

Mas, apesar de suas resistências, em 1958 Paulo foi finalmente para a Nacional e lá pôde confessar a Radamés que tinha inveja do Zé Bodega por causa do "Bate-papo". O maestro não demorou em lhe dedicar o samba-canção "Monotonia", e, do excelente resultado deste, surgiu o fantástico LP de dez polegadas *Paulo Moura interpreta Radamés Gnattali*. Gravado em 1959 na Continental, com acompanhamento de Radamés ao piano, Baden Powell no violão, Pedro Vidal no contrabaixo e Orlando Trinca na bateria, o disco foi relançado em CD, mas infelizmente nem a imprensa foi avisada.

Nos anos seguintes, levado pela onda bossa-novista, Paulo Moura se afastou do Choro, para retornar somente em meados dos anos 1970 com um disco que marcou época: *Confusão urbana, suburbana e rural*. A partir daí, o clarinetista e saxofonista não mais abandonou o gênero, gravando álbuns antológicos como *Mistura e manda* e *Dois irmãos*, este em parceria com Raphael Rabello.

* * *

Muitos bossa-novistas apontam o disco de Julie London com Barney Kessel como algo que teria influenciado decisivamente o aparecimento da

Paulo Moura: do Choro ao jazz, do jazz ao Choro, sem nunca perder o charme.

bossa nova. Curiosamente, quando esteve no Brasil em 1979, o guitarrista norte-americano procurou a cantora Miúcha, que conhecera no México alguns anos antes, e manifestou seu desejo de ouvir música brasileira em formato original.

Miúcha não teve dúvidas: acompanhada de Franklin da Flauta e outros músicos, colocou o enorme Kessel no banco da frente de um fusquinha táxi e o levou para o Suvaco de Cobra, no subúrbio da Penha. Lá chegando, sob um sol escaldante, Barney Kessel ficou enlouquecido. Chegou a dizer que queria voltar ao hotel em Copacabana para pegar sua guitarra, mas desistiu pela falta de um amplificador. De vez em quando, perguntava para Miúcha quanto custava o ingresso naquele paraíso e não acreditava quando ela respondia que era grátis.

Na volta, passaram no hotel e Barney Kessel pegou sua guitarra, pois queria mostrar algo àqueles músicos amigos. Chegando à casa de Miúcha, improvisou uma amplificação ligando a guitarra a um gravador cassete e tocou Choros, para surpresa geral. Depois explicou que conhecia aquelas obras principalmente através de seu amigo Laurindo Almeida, que, desde 1947, morava e trabalhava nos Estados Unidos.

Como se pode ver, antes de a guitarra de Barney Kessel influenciar a bossa nova, é possível que ela tenha sido influenciada pelo Choro moderno de Garoto, Laurindo & cia.

* * *

Análises contaminadas pela mais ingênua xenofobia e embasadas em profunda ignorância musical sempre fizeram com que o processo de reciclagem das informações jazzísticas na música brasileira fosse julgado, e não estudado, como algo natural de uma forma viva de arte. As ligações entre o Choro e o jazz dariam por si só um livro, que aliás seria útil para discutir se, como muita gente diz: "O Choro é o jazz brasileiro".

Resumidamente, penso que as únicas semelhanças entre as duas manifestações vêm do fato de se originarem majoritariamente da polca e de serem música em que brilham os músicos, em função do espaço reservado ao improviso. Agora, diferenças temos aos montes:

— O Choro é doméstico, ao ar livre e diurno. O jazz é boêmio, de ambientes fechados e noturno;

— No Choro o improviso acontece a todo instante, sem uma ordem preestabelecida. No jazz, a partir dos anos 1930, o improviso é distribuído em *chorus*, de duração determinada;

— A improvisação do Choro é mais rítmica e mais próxima do material temático do que as melodias criadas livremente em cada *chorus* no jazz;

— O Choro tem evoluído de forma linear, sempre absorvendo informações. O jazz se desenvolve em ondas que se sucedem: *swing*, *bebop*, *cool*, *free* etc.;

— O Choro é originário da classe média. O jazz, da classe pobre;

— O Choro nunca significou uma oportunidade de ascensão social, ao contrário do jazz. Por isso mesmo, os chorões não se apresentam bem-vestidos, como tradicionalmente fazem os jazzistas.

Como vemos, as diferenças são muito maiores que as semelhanças. Essa necessidade de comparar algo de valor daqui com referências externas, para avaliar sua qualidade, é um vício de colonizado. Um atraso que temos de enterrar definitivamente neste início de século XXI.

Radamés em sua última roda de Choro, em julho de 1986, junto de alguns de seus fãs. Em pé, Odair Assad, Raphael Rabello, o autor, a pianista Fernanda Chaves, Sérgio Assad e Luiz Otávio Braga. Sentados, a violonista e produtora belga Fá Assad, o maestro, Paulo Sérgio Santos e a cantora Cláudia Savaget.

18.
SUÍTE RETRATOS: SEMENTE DE MUDANÇAS

A ponte que o maestro Radamés Gnattali fez entre a música de concerto e a música popular materializou-se principalmente quando escreveu concertos para solistas populares.

Em fins de 1956, Radamés teve a ideia de escrever uma suíte para bandolim, conjunto regional e orquestra de cordas, que se transformou, além de uma de suas obras mais conhecidas, em um divisor de águas na história do Choro.

A *Suíte Retratos* foi arquitetada para homenagear quatro compositores que Radamés considerava os pilares fundamentais da música brasileira. A partir de uma obra de cada compositor homenageado, foi composto cada um dos quatro movimentos da suíte.

O primeiro foi dedicado ao compositor que Gnattali mais admirou na música popular: Pixinguinha. Para homenageá-lo, o tema selecionado foi "Carinhoso", um Choro do qual Radamés gostava tanto, que escolheu para ser seu primeiro arranjo orquestral, ainda em fins dos anos 1920. No segundo movimento, a homenagem é para Ernesto Nazareth na forma de uma valsa. Radamés escolheu, dentre tantas que adorava, "Expansiva". O terceiro movimento homenageia Anacleto de Medeiros com uma *schottisch*, gênero em que Anacleto foi insuperável, a partir do tema de "Três estrelinhas". O quarto movimento é uma homenagem a Chiquinha Gonzaga, com "Corta-jaca", um maxixe. Mesmo ela não sendo uma compositora — segundo o próprio Radamés — do mesmo porte dos três primeiros, a solução encontrada foi musicalmente perfeita para *Retratos* terminar "pra cima". Pronta a suíte, foi dedicada a Jacob, músico que Radamés admirava pela seriedade e capricho.

Para Jacob, era um salto considerável, pois tanto técnica quanto musicalmente a peça trazia dificuldades diferentes daquelas que o solista costumava enfrentar em seu repertório. Para ajudar o bandolinista a "tirar a música do papel", Radamés providenciou uma gravação realizada por Chiquinho do Acordeom na Rádio Nacional, na primeira audição da obra. As inúmeras audições desta gravação auxiliaram Jacob e o ajudaram na preparação de *Retratos*. Durante os sete anos que se passaram entre a primeira audição na rádio e a gravação, Jacob estudou bastante.

A carta ao maestro Radamés, datada do dia 23 de outubro de 1964, dá uma ideia de quanto *Retratos* mudou a vida de Jacob:

"Meu caro Radamés,

Antes de *Retratos* eu vivia reclamando: 'É preciso ensaiar', e a coisa ficava por aí, ensaios e mais ensaios.

Hoje minha cantilena é outra: 'Mais do que ensaiar, é necessário estudar!'. E estou estudando. Meus rapazes também. O pandeirista já não fala mais em paradas: 'Seu Jacob, o senhor aí quer uma fermata? Avise-me, também, se quer adágio, moderado ou *vivace*!...'. Veja Radamés, o que você arranjou! É o fim do mundo...

Retratos: valeu estudar e ficar fechado dentro de casa, durante todo o carnaval de 64, devorando e autopsiando os mínimos detalhes da obra, procurando descobrir a inspiração do autor no emaranhado de notas, linhas e espaços, e, assim, não desmerecer a confiança que em mim depositou, em honraria pródiga demais para um tocador de chorinhos.

Mas o prêmio de todo esse esforço foi maior que todos os aplausos recebidos em trinta anos: foi o seu sorriso de satisfação! Este é o que eu queria, que me faltava e que, secretamente, eu ambicionava há muitos anos. Não depois de um chorinho qualquer, mas, sim, em função de algo mais sério. Um sorriso bem demorado, em silêncio, olhos brilhando, tudo significando aprovação e sensação de desafogo por não haver se enganado. Valeu! Ora se valeu!

E se até hoje existia um Jacob feito exclusivamente à custa de seu próprio esforço, de agora em diante há outro, feito por você, pelo seu estímulo, pela sua confiança e pelo talento que você nos oferece e que poucos aproveitam.

Meu bom Radamés: sinto-me com quinze anos de idade comprando um bandolim de cuia e um método simplório na loja do Marani & Lo Turco, lá no Maranguape... Vou estudar bandolim!

Que Deus, no futuro, me proteja e Radamés não me desampare!

Obrigado, mestre.

NB: Perdoe-me. Sei que você fica inibido com elogios de corpo presente. Daí esta carta. Sua modéstia julgará que é absurda, sem motivo e, até mesmo, ridícula. Mas eu tinha que escrevê-la para não estalar de um enfarte, tá?"

O lançamento em 1964 do LP contendo *Retratos* — que apareceu com o título *Concerto para bandolim, orquestra de cordas, violão e cavaquinho* —, ao contrário do que se imagina hoje em dia, não encontrou grande repercussão. O disco trazia no lado B uma seleção de músicas para piano de Radamés como o Choro "Canhoto" e a valsa "Uma rosa para Pixinguinha".

A gravação de tal disco na CBS deve ter tido para Jacob um sabor de vingança. Havia algum tempo ele vivia às turras com Ramalho Neto, diretor da RCA Victor, que reclamava de suas vendagens. Em 1963, Jacob gravou um LP de nítida intenção comercial intitulado *Jacob revive sambas para você cantar*. Parece que a ideia do karaokê não agradou muito ao bandolinista, pois é nesse disco que encontramos as únicas imperfeições de afinação de toda sua discografia.

Para o meio chorístico da época, cada lançamento de Jacob representava repertório a ser aprendido para tocar na roda. Mas *Retratos* era diferente e os chorões não deram muita bola.

Joel Nascimento foi presenteado com o LP *Retratos* por seu irmão Joir e, ao contrário da maior parte dos chorões, se apaixonou pela música justamente por ser diferente, por ter o arranjo com orquestra de cordas. Joel passou anos tentando tirar de ouvido partes da suíte e sonhando tocá-la inteira. Depois de cerca de dez anos, Joel conseguiu o telefone de Radamés, criou coragem e ligou para pedir a partitura. A reação de Radamés, apesar de seca, foi positiva e na mesma semana Joel começou a estudar *Retratos*.

Dois meses depois, Joel voltou à casa do maestro para apresentar o resultado. Antes mesmo de estar com o bandolim afinado, Joel foi fazendo a introdução e, apesar do nervosismo, a música fluiu. Radamés ficou fascinado pelo som e pela interpretação de Joel, bem diferente de Jacob e mais próxima da partitura original. *Retratos* havia "encantado" outro chorão.

* * *

A ligação entre Joel e Radamés começou a dar os primeiros frutos ainda no tempo em que o bandolinista tocava com o conjunto A Fina Flor do Samba e Radamés escreveu alguns arranjos para o grupo. No disco da trilha da novela *Nina*, Joel participou ao lado dos solistas preferidos de Radamés, como Zé Menezes e Chiquinho do Acordeom.

Quando foi entrevistado para O *Pasquim*, em maio de 1977, Radamés fez questão de dizer que Joel tocava *Retratos* muito bem e aproveitou para desmentir a ideia de que Jacob tinha quase uma coautoria na suíte. Hermínio Bello de Carvalho perguntou para Radamés:

— Você fez a *Suíte Retratos* para o Jacob do Bandolim?

E Radamés respondeu:

— Joel toca esta música muito bem. A música foi feita para o Jacob do Bandolim, mas o Joel também toca. Apenas é que na hora da gravação eu disse "Jacob toca como você costuma tocar". O Jacob toca à sua maneira.

Mas Hermínio retrucou:

— Não, na época você me contou que levou para a música todos os maneirismos do Jacob.

E Radamés, já perdendo a paciência:

— Não levei droga nenhuma, rapaz. Escrevi aquilo como o retrato do Pixinguinha, Nazareth, Anacleto e Chiquinha Gonzaga.

Hermínio não desistiu:

— Então você deu a Jacob uma liberdade em cima da sua harmonia?

— Sim, mas apenas na maneira de frasear.

Um dia, em fins de 1978, Joel teve a ideia de pedir a Radamés uma versão de *Retratos* sem orquestra, apenas para um conjunto com formação usual dos grupos de Choro, no padrão Época de Ouro: três violões, sendo um de sete cordas, cavaquinho e pandeiro.

Radamés relutou, mas escreveu, e Joel organizou um grupo de jovens instrumentistas para montarem a suíte. Esse grupo, que mais tarde se intitulou Camerata Carioca, empolgou Radamés e mudou a história dos chamados regionais. *Retratos* continuava "encantando" chorões.

* * *

Em maio de 1980, quando a Camerata Carioca e Radamés Gnattali se apresentaram no IBAM, Sérgio e Odair Assad, violonistas que naquele momento iniciavam carreira internacional, assistiram ao concerto e foram vítimas do "encanto" da suíte. Pediram então a Radamés um arranjo para dois violões. Como acontecera anteriormente, Radamés a princípio achou que não daria certo, mas os irmãos insistiram e o arranjo foi feito. O resultado, de tão bom, correu mundo na interpretação perfeita do Duo Assad.

O contato com Sérgio e Odair trouxe muitas alegrias a Radamés, que, por sinal, ficava em estado de graça quando ouvia o Duo Assad, e a eles dedicou um belo concerto.

Mas *Retratos* ainda estava longe de ser esgotada. Em 1988, Raphael Rabello e Chiquinho do Acordeom resolveram adaptar livremente o arranjo para dois violões e daí surgiu mais uma versão da suíte. Depois de algum tempo, e de alguns desentendimentos com a gravadora Visom, a gravação foi lançada no CD *Retratos*, da Kuarup. O CD ganhou o Prêmio Sharp de melhor disco instrumental de 1991 e levou Chiquinho a receber uma consagradora ovação no palco do Teatro do Hotel Nacional, poucos meses antes de sua morte, em fevereiro de 1993.

* * *

A *Suíte Retratos*, ainda hoje, tem um longo caminho a seguir. Existem ainda dois arranjos não gravados, deixados pelo Maestro. Um para o seu quinteto, formado por contrabaixo, piano, acordeom, guitarra elétrica e bateria. Outro para orquestra sem solista, escrito a pedido de Roberto Gnattali, sobrinho e também maestro.

Como se não bastasse o que *Retratos* já causou no Brasil, solistas de diversas partes do mundo foram também tocados pelo mesmo encanto. É o caso do bandolinista venezuelano Cristóbal Sotto. Um grande número de violonistas que conheceram *Retratos* pelos Assad puderam, a partir da edição do arranjo para dois violões, caprichosamente revisada por Sérgio, tocar e se encantar com essa suíte.

Só mesmo uma música especial, com uma grande força, seria capaz de mudar a vida, a cabeça e a carreira do teimoso Jacob do Bandolim. Só mesmo uma música como *Retratos* faria surgir a Camerata Carioca, faria Radamés voltar ao palco, faria dois violonistas vistos como clássicos enveredarem pelo repertório do Choro, divulgando o gênero pelos quatro cantos do mundo.

Retratos certamente ainda terá muitas versões, será tocada em diversos países e foi, sem dúvida, a semente de grandes mudanças ocorridas no Choro.

Jonas, César, Carlinhos, Dino e Jacob, as cordas do Época de Ouro no início dos anos 1960.

19.
ÉPOCA DE OURO: JACOB ENCONTRA A FÓRMULA

Depois de passar os anos 1950 sendo acompanhado quase sempre pelo Regional do Canhoto e algumas vezes por orquestra, Jacob entrou os anos 1960 e a era do LP reencontrando um acompanhamento mais ao seu estilo. O primeiro lançamento com a nova formação de violões foi o LP *Chorinhos e chorões*, de maio de 61, e que trazia, sob o nome de Jacob e Seu Regional, o grupo de músicos que mais tarde constituiria o Época de Ouro.

Nos violões de seis cordas havia dois dos mais íntimos companheiros do solista: o violonista César Faria, com quem Jacob já atuava desde o final dos anos 1930, e Carlinhos Leite, excelente violonista de Niterói, que por essa época morava na casa de Jacob. O alto índice de exigência do bandolinista não permitia que o sete cordas fosse outro que não o velho mestre Horondino Silva, o Dino, mesmo que este não cumprisse todos os ensaios e só chegasse "na véspera" da gravação para uma passada. Para suprir as dificuldades com o centro de cavaquinho, foi trazido de Niterói por Carlinhos um rapaz de talento chamado Jonas. Com o pandeiro de Gilberto D'Ávila se completava a base do grupo.

Nas gravações de 1961 e 62, com o nome de Jacob e Seus Chorões participaram também o contrabaixista Luiz Marinho e alguns ritmistas como Barão e Pedro dos Santos. Todos que conheceram Jacob sabiam do horror que ele tinha do termo "regional", que sintetizava um grupo mambembe de músicos que tapava buracos nas estações de rádio. Com essas gravações, Jacob de certa forma volta ao começo de sua carreira fonográfica, desenvolvendo de forma mais plena seu talento de arranjador. Aliás, na contracapa desse LP, Jacob mais uma vez reafirma sua rejeição ao termo "regional" quando diz: "E nós [...] hoje agrupados sob o pomposo título de Jacob e Seu Conjunto Época de Ouro, já que cremos ter superado há muito a fase de 'regional'...".

* * *

Ao longo da década de 1960, a música popular se transformou muito rapidamente no Brasil, e Jacob tinha dificuldades para aceitar tantas modificações. Talvez por isso, no depoimento que prestou no Museu da Imagem e do Som no início de 1967, o fato de coisas novas na MPB serem para ele aceitáveis ou não ocupa um espaço tão significativo.

Por um lado, Jacob ataca os que se preocupam com a evolução e chega a declarar: "Essa gente toda: Rosinha de Valença, Baden Powell, chegou a um ponto de evolução que lhes repugna tocar Choro, pois lhes parece um regresso, uma regressão... Então eles vão procurar aplicar ao Choro tradicional esta cultura, este ponto cultural a que chegaram e vão chegar automaticamente à deturpação do Choro".

Por outro lado, Jacob tenta se mostrar atualizado e receptivo às boas coisas que vinham surgindo, e declara que seu próximo LP será um disco dividido em duas partes claramente diferenciadas. De um lado gravaria um novo Choro intitulado "Vibrações", "Lamentos" e "Ingênuo" de Pixinguinha, e outras músicas de caráter tradicional. Do outro, gravaria músicas consideradas modernas como "Insensatez", de Tom e Vinicius, e "Canto triste", de Edu Lobo e Vinicius, além de alguma coisa de Chico Buarque. Para completar a surpresa de seus entrevistadores no MIS, Jacob avisa a Elis Regina que gravará "Canto triste" melhor do que ela e anuncia que no próximo fim de semana ele e o Época de Ouro estarão experimentando os arranjos desse ousado repertório moderno. Jacob adianta ainda que tem três títulos em mente para o LP: *Jacob sempre*, *Jacob hoje* e ainda *Jacob em dois tempos*.

Perguntados sobre o assunto, Carlinhos e César afirmam que essas músicas jamais foram ensaiadas por Jacob e que o disco foi preparado com o repertório que saiu e que incluía quatro músicas de Nazareth, três do próprio bandolinista, duas de Pixinguinha, uma de Fon-Fon, uma de Luís Americano e uma de um compositor então inédito chamado Juventino Maciel.

* * *

Embora não seja nenhum primor em matéria de informação, é interessante reproduzir o que Jacob do Bandolim escreveu na contracapa de *Vibrações* a respeito de seus companheiros de Época de Ouro, com seu estilo de escrivão de justiça, e de si próprio, com a infalível falsa modéstia dos velhos chorões.

Antes de apresentar os músicos, Jacob saúda os amigos do Choro que "não tomam conhecimento de pesquisas, movimentos, nem humildades", ou seja, mais uma vez o autocentrado Jacob do Bandolim vê o consumidor de Choro à sua imagem e semelhança. Em seguida, Jacob fala de um por um:

> "Jacob: Jacob Pick Bittencourt (n. 14/2/1918, GB), estudante de bandolim desde 1933 (que perseverança!), perito-contador (o que é?), escrivão da Justiça Criminal da GB (treina na máquina o que tocará à noite) e escapulido do primeiro enfarte quando interpretava o "Lamento", de Pixinguinha, o que valeu a pena.
>
> Dino: Horondino José da Silva (n. 5/5/1918, GB), professor de violão de seis, sete ou mais cordas que esse instrumento venha a ter. E que professor! Estuda tanto quanto leciona. Acabará tocando harpa... Não é chorão autêntico porque não chega atrasado, raramente bebe e adora ensaiar. Para meu orgulho, basta-me ser seu contemporâneo.
>
> César: Benedito César Ramos de Faria (n. 24/2/1919, GB) acompanha-me desde 1939. Oficial de Justiça da GB. Harmonizador do conjunto, é o único que, até hoje, conhece todo meu repertório. Não me perdoa tê-lo gongado, em público, quando pretendeu ser cantor. Melhor. Tenho grande violonista.
>
> Carlinhos: Carlos Fernandes de Carvalho Leite (n. 1/1/1924, estado do Rio) é agente fiscal deste estado. Violão "gemedeira", bom para seresta, é rápido nos solos ou baixarias. Calmo e observador. Aliás, recentemente ficou noivo. De namoro, dez anos! Muito calmo e observador o Carlinhos.
>
> Jonas: Jonas Pereira da Silva (n. 11/4/1934, estado do Rio) é funcionário público em Niterói. Ótimo solista de cavaquinho, meu "centro" ideal, não toca "atravessado" e adapta, a cada número, palhetada adequada. Tudo isso ostentando linda mecha branca nos cabelos.
>
> Gilberto: Gilberto D'Ávila (n. 21/4/1915, estado do Rio) é o pandeirista. Isso, dito assim, parece nada. Mas a segurança de suas batidas oferece-me tranquilidade. Não suporta malabarismos, embora saiba fazê-los. Toca, só e bem. Basta-me. É também o "leão de chácara" do Conjunto. Briga, é com ele...

JORGINHO: Jorge José da Silva (n. 3/12/1930, GB) é o ritmista. Irmão de Dino e primo de Tico-Tico. Ouvido apurado, difícil de satisfazer, é o crítico do conjunto."

O processo de trabalho com o Época de Ouro era totalmente de ouvido, combinando-se os detalhes de um arranjo a cada ensaio. Primeiro Jacob ensaiava com César e Carlinhos, depois acrescentava Jonas e Gilberto. Por último chegava o Dino, que escrevia uma guia a fim de que pudesse memorizar o arranjo mais rapidamente.

* * *

Tão sério consigo mesmo e com outros, Jacob no fim da vida acabou embarcando numa brincadeira feita por dois estranhos. No dia 13 de novembro de 1968, ele estava em casa sofrendo com bico de papagaio, úlcera, bursite e problemas cardíacos, quando chegaram dois rapazes. Dona Adylia avisou logo que Jacob não os receberia, pois estava passando muito mal, mas os dois insistiram com o argumento de que, como eram médicos, poderiam ajudar. Depois de muita insistência, os doutores Assis e Velloso foram levados à presença de Jacob, e, pouco tempo após a aplicação de uma injeção, Jacob parecia outro. Empolgado com o resultado, Jacob prometeu que, se continuasse melhorando daquele jeito, faria uma roda de Choro em homenagem aos médicos, no feriado que se aproximava. Renovado o tratamento no dia seguinte, Jacob autorizou Adylia a convocar a roda e, na tarde do dia 15, recebeu vários chorões para homenagear os responsáveis pela sua cura.

Ao apresentar os médicos aos músicos, Jacob pediu que cada um descrevesse sua especialidade. Primeiramente, Velloso descreveu as vantagens do tratamento à base de Magnésio Z, um santo remédio. Depois foi a vez de Assis contar uma meia-mentira: "Eu sou um mero ginecologista", causando espanto entre os presentes. Assis na verdade é um bem-sucedido advogado e também cavaquinista nas horas de folga. Dentre suas composições é sempre lembrado o Choro "Picadinho de clitóris".

Estabelecida a ligação com esses dois personagens brasilienses, Jacob passou a ir a Brasília e lá compôs, tocou, relaxou, enfim, reencontrou um bem-estar que andava sumido de sua vida. Foi a partir de sua ligação com Brasília que surgiu o convite para que ele e o Época de Ouro fossem se apresentar no Palácio do Alvorada, para o presidente Arthur da Costa e Silva, naquele tenebroso dezembro de 1968. Parece que entre cassações, torturas e prisões arbitrárias, o chefe da nação parava de vez em quando para se divertir e, assim, em companhia dos subalternos mais chegados, ouvir um pouco de música.

Tudo transcorria o mais naturalmente possível até que Costa e Silva cutucou um de seus asseclas para que este o lembrasse do título de uma música que gostava e desejava ouvir. Lembrado prontamente, o presidente pediu o baião "Delicado", de Waldir Azevedo. Jacob ficou lívido. Depois de alguns segundos de um silêncio aterrador, o próprio bandolinista disse que não sabia tocar aquela música, mas que o Jonas, cavaquinista de seu conjunto, a executaria para o presidente. Jonas tocou "Delicado" e desanuviou o ambiente.

* * *

A morte de Jacob, fulminado por um enfarte no dia 13 de agosto de 1969, foi antecedida de um fato que chocou o meio artístico e em especial a turma do Choro. No dia 12 foi assassinado o flautista Dante Santoro, em um crime até hoje não solucionado. Para uma pessoa tão sensível quanto Jacob, o impacto da notícia certamente ajudou a aumentar o estresse e provocar o enfarte.

Ao contrário do que se podia imaginar, depois da morte de seu fundador, o Época de Ouro não só prosseguiu como se aperfeiçoou. Algum tempo depois da morte de Jacob, o conjunto foi reorganizado, tendo como solista Déo Rian. Com essa formação, o Época de Ouro gravou três ótimos discos pela Continental nos anos 1970. Com o afastamento de Déo e a substituição por Ronaldo do Bandolim, outro talento vindo de Niterói, o conjunto nunca perdeu a personalidade. Ronaldo, que começou um tanto tímido, acabou se soltando e hoje é um destaque como improvisador.

Opinião comum entre Dino, César e Carlinhos é que o conjunto, depois da morte de Jacob, ficou mais balanceado. Parece que todo mundo ficou mais relaxado, não mais temendo uma bronca diante de qualquer percalço.

Chiquinho do Acordeom dava o toque *hi-fi* no som do Quinteto.

20.
QUINTETO RADAMÉS, O CHORO E A MODERNIDADE

O trabalho de gravações na Continental durante a década de 1940 fez com que Radamés fosse aos poucos criando o seu quinteto, uma espécie de *dream team* com o qual se entendia com perfeição.

Dos músicos do quinteto, o que já trabalhava com o Maestro há mais tempo era o baterista Luciano Perrone, parceiro de trabalhos desde 1929. Carioca nascido em 1908, Luciano era filho do maestro Luís Perrone, pioneiro na adaptação de músicas para cinema no Rio. Conta-se que, antes de Luís Perrone, o conjunto que tocava na sala de projeção não se preocupava em combinar o repertório com a cena. Assim sendo, já tinha passado a crucificação de Cristo ao som de "Tatu subiu no pau".

Talento precoce, aos nove anos Luciano contracenou cantando com Enrico Caruso na ópera *Lodoletta*, de Mascagni, no Teatro Municipal do Rio. Aos catorze começou a tocar bateria em cinemas e passou a ser requisitado para muitas orquestras, como a Orquestra Pan American, dirigida por Simon Boutman. Em 1929, casou-se e foi passar a lua de mel tocando em Lambari, onde conheceu Radamés.

Luciano foi pioneiro em quase tudo que se refere ao uso da bateria no Brasil, tanto nas questões técnicas como nas musicais. Foi ele, por exemplo, que gravou pela primeira vez a caixa surda da bateria fazendo ritmo de samba. Foi por sua sugestão que Radamés passou a explorar mais os aspectos rítmicos em suas orquestrações, gerando resultados como o arranjo original de "Aquarela do Brasil", marco no desenvolvimento orquestral da música brasileira.

Radamés costumava dizer que a diferença entre Luciano e os outros bateristas é que "ele toca com a música e não simplesmente faz um ritmo de base". E foi para explorar esse diálogo constante com a bateria que o Maestro escreveu peças como o "Bate-papo a três vozes" e o "Samba em três andamentos".

Luciano teve especial importância na orquestra da Rádio Nacional, pois lá dirigia o naipe de ritmistas populares formado por João da Baiana, Bide, Marçal e outros craques. Era seu também o solo de vibrafone de "Luar do sertão", prefixo da Nacional em seus tempos áureos. Tocando bateria até depois de completar oitenta anos, Luciano sempre se destacou pela elegância no trajar e pela fineza de hábitos. Um *gentleman* na música e na vida.

Seu estilo praticamente não teve seguidores, com exceção do carioca Oscar Bolão, que Perrone apontou como sucessor e herdeiro de seu precioso equipamento percussivo, pouco antes de morrer, em 2001.

* * *

Outro músico que teve uma longa parceria com Radamés Gnattali foi José Menezes de França, instrumentista e compositor nascido em Jardim, no interior do Ceará, em 1921.

Muito cedo, Menezes começou a tocar cavaquinho e aos oito anos começou a trabalhar como músico profissional na orquestra do professor Arlindo Cruz. Logo foi apelidado de Zé Cavaquinho, apelido que usou até sua chegada ao Rio de Janeiro. Menezes, aos onze anos, começou a tocar na Ceará Rádio Clube como violonista e um pouco mais tarde formou seu próprio conjunto.

Em 1943, quando esteve em Fortaleza para a inauguração das ondas curtas da Ceará Rádio Clube, o radialista César Ladeira (nome muito importante do rádio) ofereceu um contrato para que Menezes viesse tocar na Rádio Nacional. Este era o sonho de todos os músicos da época. Assim que chegou ao Rio, Menezes ganhou fama e começou atuar como guitarrista nas melhores boates da época, como a do Quitandinha e a Casablanca. Lá ocorreu um episódio descrito por Dalton Vogeler que é bastante curioso.

Por essa época, Menezes trabalhava incessantemente e, quando a música da vez era lenta, cochilava aguardando sua vez de tocar. Numa dessas vezes o vibrafonista Chuca-Chuca amarrou os cordões de seus sapatos. Ao levantar para tocar, Menezes se desequilibrou e quase caiu. Ficou uma fera, foi até uma bolsa de onde tirou uma peixeira para tomar satisfações com o colega.

Apesar de ser um instrumentista de grande eficiência, foi como compositor que aos poucos foi se consagrando. Em 1948, o samba-choro "Nova ilusão", composto em parceria com Luís Bittencout, foi gravado no disco de estreia de Os Cariocas, e tanto a música como a interpretação chamaram a atenção pela modernidade. Em 1952, foi a vez de "Comigo é assim", que já havia sido gravado pelo autor em solo de violão tenor sete anos antes, de receber letra de Bittencourt e ser gravado pelo mesmo grupo.

A presença de Menezes ao lado de Radamés pode ser sentida em gravações desde o final dos anos 1940 e por toda a década de 1950, com o Quarteto Continental e mais tarde o Quinteto. Nesses trabalhos, Menezes tocou principalmente guitarra e violão, mas eventualmente também cavaquinho, banjo e outros instrumentos.

Sempre gravando música comercial, e não Choro, Menezes teve uma vasta discografia com grupos formados apenas para gravações em estúdio e que receberam nomes curiosos. É o caso de Os Velhinhos Transviados, que gravou diversos discos na RCA até 1971.

Com a criação da TV Globo, Menezes foi acompanhando Radamés, e lá se tornou produtor, arranjador e criador de música incidental e trilhas. É autor de uma das mais brilhantes aberturas da emissora, a de *Os Trapalhões*, música que costuma tocar em rodas de Choro, em curiosíssimo solo de violão.

No momento em que escrevo esta atualização do livro, Zé Menezes acaba de completar 83 anos de idade, lançando um ótimo disco (*Autoral*, 2004) e com invejável disposição para tocar.

* * *

No começo dos anos 1950, quando a moda do acordeom já começava a dar seus primeiros sinais, começaram a insistir com Radamés para que colocasse um na Grande Orquestra Brasileira da Rádio Nacional.

Radamés, a princípio, se mostrou irredutível porque imaginava não existir nenhum acordeonista que tivesse um nível de acabamento, um fraseado, uma capacidade de leitura e improvisação capaz de se equilibrar dentro de um time de feras como aquele. Mas um dia chegaram para ele dizendo que havia um "menino magrinho" que viera do Rio Grande do Sul. Ao ouvir "Rio Grande do Sul", o gaúcho bairrista que Radamés nunca deixou de ser resolveu ouvir de boa vontade o jovem. A audição durou muito pouco, porque no final de alguns compassos Radamés identificou naquele "menino magrinho", que apesar de se chamar Romeu tinha o apelido de Chiquinho, o acordeonista ideal para os seus trabalhos. De imediato orientou o arregimentador da gravadora Continental para que a partir daquele dia chamasse Chiquinho para todas as gravações.

A parceria de Chiquinho com Radamés daria muitos frutos nas mais diversas áreas, incluindo gravações de músicas típicas gaúchas de caráter exclusivamente comercial, compostas em parceria. Chiquinho em pouco tempo passou a integrar o grupo de Radamés (em 1954) e formou também seu próprio conjunto de baile. Nesse grupo, tocaram alguns dos melhores músicos do Rio de Janeiro, como Luís Eça, Luizão Maia, Geraldo Vespar e muitos outros. Seu conjunto era extremamente elegante, se apresentavam de terno branco com colete e gravata, impecavelmente vestidos. Foram disputadíssimos nesses anos dourados para festas de formatura e festas no Copacabana Palace, em suma, uma faixa do mercado especialmente privilegiada.

Na primeira metade dos anos 1950, Chiquinho brilhou ainda no Trio Surdina, já descrito no capítulo 13, e no sucesso do dobrado "São Paulo Quatrocentão", de parceria com Garoto.

* * *

Completando o quinteto Radamés, o contrabaixista Pedro Vidal Ramos, um músico de orquestra, dos melhores profissionais de seu tempo, pessoa extremamente formal e emotiva. Vidal gravou com Radamés até os anos 1970 e somente nas últimas apresentações do quinteto, em 1985, foi substituído por Zeca Assumpção.

Em meados de 1960, tendo Aída Gnattali no outro piano, o sexteto embarcou para uma viagem que seria inesquecível. Tocaram em Oxford, na Sorbonne, em Coimbra, em Roma e Frankfurt. Gravaram programas para a BBC e para a RAI. O altíssimo nível dos instrumentistas, a modernidade dos arranjos, a rica diversidade do repertório deixaram forte impressão junto às plateias da Europa. Chiquinho comentava que os estrangeiros estranhavam muito o fato de abrirem a porta do camarim e encontrarem o Edu da Gaita, que também viajava com o grupo, estudando o "Moto perpétuo" de Paganini, ou Zé Menezes tocando complicadíssimas peças de violão.

Essa excursão, a III Caravana Oficial da Música Brasileira, deixou grandes marcas, gerando inclusive algumas gravações na Odeon com a participação de Edu da Gaita e do cantor, compositor e ritmista Luís Bandeira. O LP *Radamés na Europa* foi relançado em CD recentemente e resume bem a alta concentração de qualidade musical dessa turma.

A viagem foi repleta de passagens curiosas, como a que aconteceu na véspera da estreia em Portugal. O primeiro concerto seria no Teatro São Carlos, em Lisboa, e no dia anterior alguns músicos pegaram um táxi e foram conhecer o santuário de Fátima. Pouco antes da volta, o tempo mudou, choveu forte e caiu a temperatura. O mais atingido pelo resfria-

Vidal no contrabaixo, Edu da Gaita, Luciano na bateria, Chiquinho do Acordeom, Luís Bandeira no pandeiro, Zé Menezes na guitarra e Radamés (de costas) ensaiam para a viagem à Europa em 1960, observados por Aída Gnattali.

do inevitável foi Menezes, que teve febre alta no dia da estreia. Foi chamado com urgência um médico português, que, após examinar Menezes, resolveu aplicar-lhe um supositório para obter uma melhora imediata que permitisse ao músico tocar à noite. Quando o português tirou de dentro da maleta o supositório, que era um tanto avantajado, Zé Menezes, demonstrando seu "cabra-machismo" típico dos nordestinos, saiu correndo enrolado num cobertor para fugir do médico e do remédio.

Nessa viagem Radamés percebeu que, comparativamente ao que se fazia no mundo, seu grupo era de fato vanguarda em termos de música popular.

* * *

Mesmo nos momentos em que não se apresentavam em público, o conjunto de Radamés esteve presente em gravações, muitas delas históricas, como o disco feito na Odeon em 1973. Este disco tinha no outro piano a presença de Laércio de Freitas, o Tio, amigo de Radamés e que até hoje demonstra enorme orgulho de ter participado do trabalho.

Como quinteto, além de participar de discos de brinde para a Cia. Internacional de Seguros, gravando dois Choros inéditos de Pixinguinha, o grupo esteve ao lado de Zezé Gonzaga no disco dedicado às composições de Valzinho.

A última remontagem do Quinteto aconteceu para as comemorações do aniversário de oitenta anos de Radamés em fins de 1985. Radamés com 79 e Luciano com 78 pareciam crianças. Chiquinho e Menezes estavam firmes na ativa e a entrada de Zeca Assumpção animou muito Radamés, que via nele o substituto ideal para Vidal. Contando ainda com a participação de Raphael Rabello, os concertos no Rio, São Paulo e Brasília foram memoráveis.

Nos primeiros dias de 1986, Radamés teve um acidente vascular cerebral leve, que o deixou parcialmente paralisado. Ele ainda tentou voltar a tocar e chegou a escrever vários arranjos, mesmo com a grafia prejudicada. Em fins de julho, ao ter o segundo acidente, ficou inválido, sofrendo enorme agonia que se estendeu até 3 de fevereiro de 1988.

Em termos musicais, o quinteto/sexteto deixou grande contribuição para o Choro. A forma bastante livre com que Radamés arranjava, mesmo músicas de Anacleto de Medeiros, Ernesto Nazareth e Pixinguinha, abriu possibilidades não tentadas pelos chorões tradicionais. A utilização de outro tipo de harmonização, combinada a mudanças na forma e nos esquemas de modulações originais, deu durabilidade ao trabalho do Quinteto, mesmo considerando o datado timbre *hi-fi* da combinação acordeom-guitarra elétrica.

Em 2000 estreou o Novo Quinteto, grupo que traz o piano de Maria Teresa Madeira, o acordeom de Marcos Nimrichter, a bateria de Oscar Bolão e o contrabaixo de Omar Cavalheiro, além do autor destas linhas na guitarra elétrica. O grupo reproduz arranjos do Quinteto original e prossegue nas experiências com essa formação.

Joel Nascimento, Abel Ferreira e Zé da Velha eram figuras constantes no Suvaco de Cobra.

21.
ANOS 1970, O RESSURGIMENTO

No começo dos anos 1970, o sucesso do grupo Os Novos Baianos trouxe de volta o interesse por instrumentos como o cavaquinho, o violão de sete cordas e o violão tenor. A associação de um grupo de imagem tão contracultural com valores tradicionais da música brasileira era algo impensável e teve efeito muito positivo de atrair para aquele instrumental, aquele tipo de música, jovens como o autor que vos escreve.

Aos poucos, espetáculos como o show *Sarau* com Paulinho da Viola, Copinha e o Época de Ouro, dirigido e apresentado por Sérgio Cabral, foram se tornando núcleos de resistência cultural. No espetáculo — prestes a ser lançado em CD duplo — Paulinho chamava a atenção para o Choro e Sérgio exaltava as qualidades de Copinha e do Época de Ouro. Isto fora uma voz *off* de Jacob que por duas vezes se pronunciava, balizando o comportamento de um chorão. O espaço dado na imprensa carioca por diversos jornalistas de esquerda como o próprio Sérgio Cabral, Lena Frias, Juarez Barroso, Moacir Andrade e José Ramos Tinhorão, entre outros, aos artistas da chamada música brasileira tradicional alimentava a redescoberta desses valores.

Um marco desse período foi o primeiro disco de Cartola, produzido por J. C. Botezelli, o Pelão, para a gravadora Marcus Pereira. Pouco antes, Pelão tinha produzido para a Odeon um disco fantástico de Nelson Cavaquinho, em que foi ouvida pela primeira vez a voz grave do parceiro constante Guilherme de Brito. O LP *Cartola* foi mais do que a correção de uma injustiça histórica com o maior sambista de todos os tempos, foi a descoberta pelos mais jovens do som do regional — e que regional. Sendo o primeiro disco com arranjos assinados por Dino, e contando com Canhoto e Meira, o álbum tem uma cozinha impecável tendo à frente Marçal, Luna e Gilberto D'Ávila. Nos sopros Copinha, Raul de Barros e Abel Ferreira. Tudo isso num repertório absolutamente genial. Esse trabalho fez a cabeça da minha geração e hoje sei que não fui só eu que passei meses tirando os acompanhamentos e tocando em casa junto com o disco.

Foi nesse ambiente altamente propício que começaram a surgir grupos de Choro formados por jovens, uma novidade. O primeiro desses grupos era, na verdade, metade conjunto de samba, metade regional de Choro e se chamou A Fina Flor do Samba. O grupo surgiu em meados de 1975, a partir de uma proposta da cantora Beth Carvalho ao violonista Rui Quaresma para que este organizasse um grupo para acompanhá-la. Beth fez a proposta e viajou. Quando voltou, Rui havia montado um grupo com uma proposta mais ampla: além de acompanhá-la, teria repertório próprio. Beth comprou a ideia e, a partir de junho daquele ano, a Fina Flor esteve ao seu lado no momento em que começava a subir as "1.800 colinas do sucesso".

A Fina Flor do Samba reunia a flautista Beth Ernest Dias, o baixista Toni Botelho, o cavaquinista Alceu Maia, o violonista Rui Quaresma e três percussionistas típicos do samba: Ovídio, Valter Paixão e Juca. A diversidade étnica e social foi um ponto que chamou a atenção, bem como o compromisso de não repetir o que já era feito dentro do Choro. A partir de outubro do mesmo ano, quando iniciou carreira independente de Beth, A Fina Flor do Samba trouxe no seu repertório Choros tradicionais arranjados de forma diferente, composições de Rui Quaresma e até mesmo uma valsa inédita de Jacob do Bandolim. Presente em todos os eventos importantes para o Choro em 1975 e 76, o Fina Flor durou pouco, mas funcionou como um núcleo de cristalização para outros jovens conjuntos de Choro.

* * *

Enquanto isso, na capital da república, o Choro também ia ressurgindo. Na verdade, o movimento começou alguns anos antes, nos encontros periódicos na casa do jornalista e pianista amador Raimundo de Brito. Juntamente com outros músicos pioneiros da capital, como o citarista Avena de Castro e o violonista Hamilton Costa, Raimundo foi dos primeiros a tocar Choro no planalto, tendo inclusive aprendido a tocar cavaquinho para poder participar das rodas.

A histórica ligação entre Choro e funcionalismo público se encarregaria de levar para Brasília gente como Bide da Flauta, Pernambuco do Pandeiro e muitos outros.

Na casa de Raimundo, Avena apresentava a cada semana novos Choros. É o caso de "Sábado à tarde" (dia e hora dos encontros) e "Preciso aprender a ser solo", dedicado ao dono da casa, que, improvisado de cavaquinista, não arriscava solar.

Alguns anos mais tarde, outros encontros na casa da flautista Odette Ernest Dias reuniram, além dos já citados, Waldir Azevedo, Cincinato do Bandolim, jovens chorões como Alencar Sete Cordas, Carlinhos Bom-Bril e muitos outros. Daí surgiu o Clube do Choro de Brasília, que, após passar vários anos sendo apenas um boteco ruim, tornou-se a partir de 1997 a maior vitrine do Choro na capital, tanto apresentando músicos consagrados como ajudando a revelar novos talentos.

A utilização do Choro para festas e agrados para autoridades também ajudou a rachar o meio chorístico brasiliense. Um dos músicos que mais sofreu com esse tipo de manipulação política do Choro foi Avena, que se queixava por sempre tocar em festas beneficentes e não ter apoio para suas iniciativas. Já com a saúde abalada, Avena, em uma de suas internações, extremamente deprimido, atirou-se da janela do hospital, morrendo em seguida.

Fenômeno parecido ao de Brasília aconteceu paralelamente em Recife, Porto Alegre, Belo Horizonte, Goiânia e outras cidades. A imprensa deu grande destaque aos Clubes de Choro e ajudou a atrair público e adeptos.

* * *

Se A Fina Flor do Samba representou uma espécie de ponta de lança do gênero da Zona Sul, foi no subúrbio da Penha que aconteceu a grande explosão do Choro nos anos 1970.

O Suvaco de Cobra, aquele acanhado botequinzinho da rua Francisco Ennes, virou notícia e passou a contar com muitos nomes famosos que antes não apareciam. Gente como Abel Ferreira, Dino e outros passaram a frequentar o local e em pouco tempo não havia espaço para tantos músicos e tanta plateia.

De olho no sucesso alheio, e percebendo que o Suvaco era pequeno demais, o ex-policial De Paula, que dizia ter sido um dos "homens de ouro da polícia carioca", comprou um botequim mais amplo, numa rua paralela. Registrou o nome e passou a ser "dono" do Suvaco de Cobra. Como se não bastasse tanta trapalhada, De Paula gostava de tocar surdo batendo com um vistoso anel de ouro na lateral metálica do instrumento e conseguindo um resultado que irritava os músicos e o público.

No botequim original da outra rua, as rodas continuavam e pouco depois passaram a ser feitas em um quintal para caber mais gente. Apesar de atrair bons músicos, o Suvaco nada tinha a ver com o clima de uma roda de Choro. Bebia-se muito, e nisso talvez ninguém tenha alcançado as marcas do violonista Joir do Nascimento.

Quando fui pela primeira vez ao Suvaco, cheguei muito cedo, mas já encontrei o Joir. Ele tinha virado a noite e continuava bastante animado. Ao me ver com o violão, foi fazendo as honras da casa e me sugeriu que tomássemos uma bebida típica do lugar:

— Garoto, você vai provar agora um "Tapa no beiço". Quinado com Genebra, uma delícia!

Joir, Motinha, Zé Bode e muitos outros ajudaram a criar a mística do Suvaco, e se o único que ganhou dinheiro ali foi o De Paula, valeu pelo tanto que a turma se divertiu.

* * *

Aos poucos, foram surgindo outros grupos formados por jovens músicos como o Galo Preto, criado ainda em 1975 e que tinha Afonso Machado no bandolim, José Maria Braga na flauta e contava ainda com Luiz Otávio Braga no violão de sete cordas, Mauro Rocha no violão e Camilo no Pandeiro. O nome foi dado por Claudionor Cruz, que, ao assistir a um ensaio, observou que em determinada música havia um pedaço que não dava certo. Disse Claudionor:

— Aí tem um galo preto...

O Galo permanece em atividade até hoje, tendo gravado alguns discos de excelente repertório e precária qualidade técnica. Mesmo depois de muitas trocas de músicos, o Galo Preto mantém seu estilo.

Em 1977 surgiu um grupo que teve grande importância nessa retomada do Choro: Os Carioquinhas. O grupo tinha Raphael Rabello no sete cordas, Maurício Carrilho no violão, Luciana Rabello no cavaquinho, Celso Silva no clarinete, Paulinho do Bandolim e Mário na percussão. Os Carioquinhas gravaram logo um excelente LP para a Som Livre e se diferenciaram dos demais grupos da mesma geração pelo fato de terem uma base mais desenvolta e suingada. A abertura do *Jornal Hoje* da TV Globo foi durante algum tempo a gravação de Os Carioquinhas do Choro "Gadu namorando", de Alcyr Pires Vermelho.

Nem só de grupos formados por jovens viveu o reaquecimento do Choro dos anos 1970. Um exemplo de grupo mais maduro que teve destaque foi o Amigos do Choro, formado em 1969 pelo flautista Gérson Ferreira Pinto. Mais tarde, com a inclusão do bandolinista e compositor Rossini Ferreira, o conjunto teve importante participação nos Festivais de

Waldir Azevedo, Zé da Velha, Copinha, Paulo Moura,
Abel Ferreira e Joel Nascimento eram os solistas do show
Choro na Praça, um dos sucessos dos anos 1970.

A dupla de sopristas Zé da Velha (trombone) e Silvério Pontes
(trompete) fazem o melhor Choro para dançar.

Choro. Foram também dessa época os grupos Éramos Felizes, Rio Antigo, Anjos da Madrugada, entre outros.

A onda chorística dos anos 1970 revelou ainda um músico que, apesar de jovem, usava o nome artístico de Zé da Velha. Excelente trombonista, o sergipano nascido em 1942 João Alberto Rodrigues Matos passou a ser Zé da Velha pelo fato de constantemente tocar com a Velha Guarda, aquela turma do Pixinguinha. Alma de chorão, sopro de veludo, Zé adiou a gravação de seu primeiro disco solo por quase vinte anos e só o lançou em 1995. Esse disco conta com a participação de um parceiro de peso, o excelente trompetista Silvério Pontes, que, ao longo de mais de quinze anos, tem formado com Zé da Velha uma dupla de sopros que só tem paralelo em Pixinguinha e Benedito Lacerda. Na vertente botequim do Choro, foram Zé e Silvério que encontraram o formato ideal.

O desinteresse das gravadoras em lançar novos artistas, aliado ao fato de que se demora a aperfeiçoar um grupo de Choro, fez com que esse momento tão rico não tivesse a respectiva exuberância na área fonográfica. Era mais lucrativo relançar o que já havia e, para piorar, se relançava sempre o mesmo repertório. De tantos lançamentos de Choro dessa fase, deve-se destacar o disco *Memórias chorando*, de Paulinho da Viola, gravado em 1976, e alguns discos de brinde feitos para empresas e até hoje não lançados comercialmente, como *Chorando Callado* e o álbum de inéditos de Pixinguinha tocado por diversos solistas.

* * *

O mais fulgurante talento da geração de chorões surgida nos anos 1970 foi indiscutivelmente Raphael Rabello. Dono de uma técnica estonteante, ele dava a impressão de que onde colocasse a mão no braço do violão faria uma intervenção genial. Tendo começado profissionalmente muito cedo, antes de completar vinte anos já era um músico experiente.

Apesar de ter morrido muito novo, em 1995, com menos de 33 anos, Raphael deixou uma discografia considerável de álbuns solo, com destaque para suas interpretações para obras violonísticas de Radamés e em parcerias com o próprio maestro e com Elizeth Cardoso, Dino, Chiquinho do Acordeom, Ney Matogrosso e Paulo Moura.

Raphael resumiu o violão brasileiro, namorou o flamenco e brilhou intensamente como solista e acompanhador. Sua presença foi marcante, sua falta, avassaladora.

22.
CANHOTO DA PARAÍBA E O CHORO NORDESTINO

O processo de desenvolvimento do Choro no Nordeste, na primeira metade do século XX, seguiu um roteiro parecido nas diversas capitais. Em torno das principais estações de rádio surgiram conjuntos regionais que normalmente se enriqueciam de músicos mais habilidosos vindos do interior. Muitos emigravam de capitais menores para Recife ou Salvador, atraídos por uma maior oferta de trabalho. Outros tentavam o Rio ou São Paulo e, se tivessem talento e perseverança, acabavam por se tornar nomes nacionais.

Nesse período a importância de Recife foi sensivelmente maior para o Choro. Além de inúmeros artistas lá começarem e continuarem carreira, surgiu um tipo específico de Choro pernambucano. Atento a esse aspecto, Jacob do Bandolim colecionava fitas com repertório de autores como Zé do Carmo, Rossini Ferreira e Canhoto da Paraíba. Depois de alguns anos, recebeu o grupo para um sarau que seria lembrado para sempre.

Personagem importante no intercâmbio entre os chorões do Rio e de Pernambuco foi o violonista e compositor Alfredo Medeiros. Nascido em Camaragibe, em 1893, filho de um coronel usineiro, Alfredo foi desde cedo um grande promotor de saraus em sua casa. De tão constantes e levados a sério, eram chamados de "Conservatório Alfredo Medeiros". Após se incompatibilizar com o governador Agamenon Magalhães, Alfredo se transferiu para o Rio, onde desempenhou com desenvoltura o papel de embaixador da música pernambucana.

Durante muitos anos, através de sua coluna "Bilhete Carioca", publicada no *Diário da Noite*, contava aos recifenses o que acontecia no meio artístico carioca. Como compositor, teve como destaques o "Choro triste", a "Dança do matuto" e o inédito "Choro íntimo". A "Dança do matuto", diga-se de passagem, é apontada por Canhoto da Paraíba como sendo a base de seu "Pisando em brasa".

Foi através de Alfredo Medeiros que surgiu a ligação entre Jacob do Bandolim e os chorões pernambucanos. Inicialmente, Alfredo apresentou

João Dias (marido de Conceição Dias, a dona Ceça) a Jacob e estes passaram a trocar carretéis de fitas magnéticas, contendo repertório de interesse. Mais tarde, João organizou uma "expedição" ao Rio que entrou para a história do Choro.

* * *

Ao contrário do rádio carioca, onde os regionais eram comandados por solistas de flauta ou bandolim, em Recife a liderança dos grupos desse tipo era exercida por violonistas. Além de Romualdo Miranda, que já foi focalizado em capítulo anterior, outros nomes importantes atuaram nas emissoras da capital pernambucana.

Desde 1937, um violão se destacava na Rádio Clube de Pernambuco: era Zé do Carmo, ou melhor, José Cezar de Lima, que tinha o apelido por ser afilhado de Nossa Senhora do Carmo. Durante anos atuou no Regional do Felinho, e quando surgiu o programa *Clube das cordas* ele estava à frente do regional, que contava ainda com Benedito Santos no outro violão, Osmundo Soares no cavaquinho e Zé Pitiu no pandeiro, entre outros. Esse programa marcou época e nele se apresentaram os grandes expoentes do violão pernambucano, desde o veterano Romualdo até jovens como dona Ceça e Canhoto da Paraíba.

Pouco tempo depois, outro programa iria suceder o *Clube das cordas*, ainda com maior brilho. Intitulava-se *Quando os violões se encontram* e era transmitido pela Rádio Jornal do Comércio. No programa, o destaque era Canhoto, mas atuavam muitos outros craques do violão pernambucano, como Miro José (introdutor do sete cordas em Pernambuco), Tozinho, Wilson Sandes e Ernani Reis, além de Romualdo, Ceça, Zé do Carmo e Cia.

Esses dois programas possibilitaram a apresentação de um repertório novo e até hoje mantido praticamente só na memória de alguns poucos violonistas e chorões de Recife. Foi nesse programa que nomes lendários do violão pernambucano deixaram a mais forte impressão, como Armando Cunha.

* * *

Em outubro de 1959, João Dias adaptou uma caçamba de bagagens a seu Jeep Willys e partiu para cinco dias de estradas precárias até o Rio. Além de dona Ceça, iam Zé do Carmo e sua esposa, o bandolinista Rossini Ferreira e aquele que causou a mais forte impressão aos cariocas, Canhoto da Paraíba.

Canhoto da Paraíba, dona Ceça, Othon Saleiro e Zé do Carmo, na casa de Jacob do Bandolim no Rio de Janeiro, em outubro de 1959.

Francisco Soares de Araújo nasceu em Princesa Isabel, alto sertão da Paraíba, e desde cedo os saraus familiares introduziram a música em sua vida. Como só havia um instrumento para ser tocado por diversos irmãos, Chico teve que "inventar" uma maneira de tocar sem inverter as cordas. Solando com polegar, indicador e médio e fazendo os baixos com o dedo anelar, Canhoto assombra quem o vê tocar pela primeira vez. Como se não fosse bastante, é um inspirado compositor, que em alguns casos, como o dos Choros "Com mais de mil" e "Visitando o Recife", atinge o nível dos maiores mestres do gênero.

A viagem foi dura. Com poucas horas de estrada, os pés de João já estavam cobertos de bolhas, mas ninguém perdia o bom humor. Em cada pernoite houve uma animada roda, como em Feira de Santana, Governador Valadares e Macaé. Quando finalmente chegaram à casa de Jacob, foram surpreendidos por uma festa para ninguém botar defeito. Havia ainda uma faixa em que se lia: "Bem-vindo à rua Monsenhor Júlio Maria, 117, Madalena", o endereço de João Dias em Recife. Era mesmo para eles se sentirem em casa.

Jacob e muitos outros chorões e artistas cariocas se regalaram com tantas novidades. Apesar do destaque dado com justiça a Canhoto, as composições de Zé do Carmo e os solos de dona Ceça também foram cobertos de elogios. Outro que Jacob observava com interesse e que caiu no gosto dos cariocas foi o bandolinista Rossini Ferreira. Bom instrumentista e melhor compositor, anos mais tarde Rossini viveu no Rio e com o grupo Amigos do Choro teve destaque no processo de revalorização do gênero, como foi contado no capítulo anterior.

Há, porém, uma inverdade histórica que de tanto ser repetida acabou se tornando uma das lendas mais inverossímeis do Choro. Conta-se que Radamés teria atirado um copo de cerveja no teto da casa de Jacob, tamanha sua empolgação ao ver Canhoto tocando, e que Jacob, por sua vez, nunca permitiu que a mancha no teto fosse apagada por novas pinturas. Ora, quem conheceu minimamente Radamés sabe que era um homem de gestos discretos, e que o máximo de sua empolgação era a frase:

— Isso aí tá muito bom!

Um dia, na varanda do restaurante Lucas em Copacabana, eu levei o disco *O violão brasileiro tocado pelo avesso*, em que o jornalista Ruy Fabiano escreveu no encarte sobre o episódio, na base do "conta-se que". Radamés ao ler ficou irritadíssimo e me perguntou:

— Oh rapaz, você já me viu jogando cerveja pro alto? Quem foi o filho da puta que inventou essa história?

A seguir, deu uma larga bufada e completou, com um de seus bordões prediletos:

— Isso é uma esculhambação...

Se tivesse ficado só por aí, tudo bem, o pior foi que num programa da TV Globo fizeram o reencontro de Radamés com Canhoto, citaram o tal episódio e causaram um visível constrangimento ao maestro.

* * *

Em agosto de 1983, a Camerata Carioca, grupo liderado por Joel Nascimento, do qual falarei mais adiante, realizou uma excursão pelo Nordeste dentro do Projeto Pixinguinha. O grupo lançava seu terceiro LP, *Tocar*, pela Polygram, ao mesmo tempo que Nara lançava o antológico *Meu samba encabulado*, o único disco de que se tem notícia em que uma cantora abriu espaço para faixas instrumentais, estas realizadas por Paulo Moura e pela Camerata.

O show fez enorme sucesso, sendo o recorde de público do Projeto e tendo duas récitas diárias por exigência do público. Após tocar em Fortaleza, Natal e João Pessoa, o elenco chegou a Recife para se apresentar no Teatro do Parque, onde logo no primeiro dia recebemos a visita de Canhoto da Paraíba e de outros chorões pernambucanos. Ficou acertado, então, que a recém-criada Orquestra de Cordas Dedilhadas de Pernambuco faria uma apresentação para a Camerata no Hotel Vila Rica, onde o grupo estava hospedado. No dia seguinte, após dois shows, chegamos por volta das dez da noite ao hotel e nos deparamos no hall de entrada com a Orquestra nos aguardando para tocar. Mesmo exaustos, largamos os instrumentos no chão e sentamos para ouvir.

O som original e cheio de bossa da Dedilhadas nos revigorou. A cada frevo, maracatu ou baião, a alegria daquela música nos sacudia. A dinâmica e a qualidade sonora do grupo nos surpreendeu, e fomos ficando tão animados que tocamos algumas músicas em retribuição. O grupo formado por músicos de classe como Marco César, Ivanildo Maciel (clarinetista, bandolinista e excelente compositor), João Lyra, Henrique Annes e outros, causou aos músicos da Camerata espanto similar ao que ocorreu em 1959 na casa de Jacob.

Em outras cidades do Nordeste, tenho encontrado núcleos de Choro, com músicos de talento de diversas gerações. Grupos como o Sonoroso de Natal e Os Ingênuos de Salvador têm mantida acesa a chama do Choro no Nordeste. Novas experiências como o Sexteto Capibaribe, que conta com três violões de sete cordas, têm surgido em Recife. Com o passar do tempo, os grupos do Nordeste foram ficando estilisticamente mais parecidos com os de São Paulo, principalmente pelo advento do surdo.

* * *

O Choro pernambucano hoje vive um período de renovação com o surgimento de uma geração de músicos bastante preparados do ponto de vista técnico e musical. O bandolinista Marco César, ex-integrante da Dedilhadas e atual liderança da Orquestra Retratos do Nordeste e do Sexteto Capibaribe, é um dos músicos que mais têm contribuído para o ensino ligado ao Choro. Filho do violonista Tozinho e organizadíssimo pesquisador, Marco tem ajudado a preservar e divulgar a cultura chorística local, e também a tem enriquecido com suas boas composições.

Recentemente, o jornalista e violonista amador Alessandro Soares concluiu sua excelente monografia *Acordes do rádio: ensaio sobre violonistas pernambucanos*, de onde foram retiradas preciosas informações para este capítulo. O trabalho de Alessandro aponta para uma enorme riqueza ainda desconhecida e que brevemente espero ver documentada e divulgada.

23.
OS FESTIVAIS DE CHORO NO RIO E EM SÃO PAULO

Com o progressivo número de eventos ligados ao Choro nos anos de 1975 e 76, foi natural que no segundo semestre de 77 aparecessem os Festivais de Choro no Rio e em São Paulo.

No Rio, o Departamento de Cultura da Secretaria de Educação e Cultura, que já vinha apoiando havia algum tempo eventos sobre o assunto, promoveu em agosto o I Concurso de Conjuntos de Choro. O primeiro colocado foi o grupo Amigos do Choro, em que se destacavam o bandolim de Rossini Ferreira e a flauta de Gérson Ferreira Pinto; em segundo lugar, os jovens chorões de Os Carioquinhas, e em terceiro o grupo liderado pelo flautista Adauto, Os Boêmios. O prêmio de melhor composição inédita foi para "Recado", de Rossini Ferreira.

Os Concursos de Conjuntos de Choro aconteceram ainda mais três vezes e premiaram, respectivamente, em 1978 o Conjunto Rio Antigo, em 1979 o Nó em Pingo D'Água e em 1980 o Conjunto Choro 7.

Apesar de movimentar o meio chorístico, esses concursos acabaram se tornando verdadeiras disputas de quem levava a torcida mais numerosa e entusiasmada. Um exemplo de grupo que tinha a sua claque era o do violonista (na verdade um multi-instrumentista) Vivaldo Medeiros. Dono de uma academia no subúrbio, Vivaldo levava sua turma e, nos momentos em que fazia frases mais ligeiras, a galera respondia com palmas efusivas. Acabava ocorrendo muitas vezes que o público perdia o fio da meada e ficava sem compreender a melodia que estava sendo tocada.

Mas foi de São Paulo que partiu a mais audaciosa iniciativa de toda essa época, o I Festival Nacional do Choro — Brasileirinho, promovido pela Rede Bandeirantes. É impressionante o espaço que este evento teve na mídia. Algo muitas vezes maior do que o maior espaço já ocupado pelo Choro até hoje. Se um compositor famoso se inscrevia, já era matéria. Todas as etapas do concurso foram exaustivamente divulgadas pela imprensa e tinha-se a impressão de que o Choro finalmente chegaria à terra prometida.

Em fins de outubro, um júri presidido por Marcus Pereira, dono da gravadora homônima, e que contava com Guerra Peixe, Sérgio Cabral, Tárik de Souza e José Ramos Tinhorão, escolheu um outro choro de Rossini Ferreira como vencedor: "Ansiedade", defendido pelo premiado grupo Amigos do Choro. Outros nomes de importância apareceram entre os primeiros colocados, como o violonista gaúcho Jessé Silva, Sivuca e o flautista de São Paulo João Dias Carrasqueira, o Canarinho da Lapa. Mas foi em torno da música que recebeu a quinta colocação que surgiu a maior polêmica. Tratava-se de "Espírito infantil", uma experiência de fusão pop-chorística composta por Mu, o tecladista da Cor do Som e defendida pelo grupo.

A música indiscutivelmente não tinha um desenvolvimento satisfatório, mas o timbre original do grupo e o tipo de interpretação, com destaque para o bandolim de Armandinho, chamaram a atenção e dividiram opiniões, no júri, no público e na imprensa.

* * *

Em função do resultado do Festival, aconteceu um debate acalorado sobre a renovação do gênero, em que não faltaram farpas de lado a lado. No meio da discussão uma voz mais alta se levantou. Era o experiente, competente e queridíssimo maestro Gaya. Ele distribuiu para a imprensa uma carta que foi publicada, em parte, por diversos jornais.

Aproveito este espaço para mostrar o texto de Gaya por inteiro, pois acho que ele ainda toca em pontos que não foram totalmente superados, no processo dinâmico de inovação no Choro:

"A PROPÓSITO DO CHORO

É a hora do Choro. Muito tenho lido e ouvido a seu respeito. Recentemente, assisti às finais do concurso promovido pela TV Bandeirantes. O júri era do maior respeito, composto de valorosos e capazes defensores de nossas tradições populares. O resultado final, porém, foi de estarrecer. Enquanto eu esperava que se premiasse a criatividade dentro dos parâmetros do Choro, o que se viu foi exatamente o contrário. Os prêmios maiores foram para a imitação, o pastiche dos Choros já compostos até hoje.

A explicação li no *Jornal do Brasil* de sábado, 29/10/1977, na reportagem de J. R. Tinhorão, que disse ter sugerido ao júri

Amigos do Choro. Em pé: Nilza de Oliveira, Gérson Ferreira Pinto, Altayr dos Reis, Wilson da Cunha e Rossini Ferreira. Sentados: Jair de Oliveira, Adoniran Borges e Carlos Eduardo de Souza. O grupo foi o que mais se destacou nos primeiros Festivais de Choro no Rio e em São Paulo.

'que premiasse apenas os Choros interpretados de maneira mais convencional'. 'Para premiar um Choro é preciso haver uma base de comparação.'

NÃO, senhor Tinhorão. Para premiar um Choro, antes de tudo, é preciso saber que valores estamos defendendo.

Isto é de grande importância para as novas gerações que querem fazer Choro e saber quais os caminhos. Na base do seu julgamento, os jovens compositores e executantes estão condenados a serem cópias de Jacob, Pixinguinha e outros, que nos legaram principalmente sua alta criatividade.

Creio que já é hora de se saber e divulgar as bases fundamentais do Choro. Não é um violão de sete cordas, pandeiro ou cavaquinho e bandolim que lhe dão autenticidade. Uma BOA guitarra elétrica pode tocar um Choro melhor que um MAU violão de sete cordas.

Fundamentalmente, o que caracteriza um gênero musical é seu ritmo. Assim, distinguimos imediatamente se uma música é uma valsa, samba ou rock, não importa por que instrumento é tocada.

Definido o ritmo, o compositor pode dar asas à sua fantasia e compor de acordo com suas preferências. Assim, ele pode ser romântico e nós teremos o Choro com o seu fraseado melódico cheio de rubatos, que é uma de suas características profundamente nacionais.

Se o compositor é um grande executante de seu instrumento, o Choro poderá ter características virtuosísticas.

Se o compositor é requintado, o Choro sairá com grande inventiva harmônica, cheio de modulações inusitadas.

Pode ocorrer que o compositor seja um bom improvisador e o Choro permitirá uma grande liberdade ao executante.

Nós cultuamos Pixinguinha porque passeou por todas modalidades de Choro com maior capacidade de criação.

O Choro sempre facultou a seus compositores e executantes uma certa exibição narcisista, quaisquer que fossem suas tendências. Assim, quando a música era apresentada, eles sempre ficavam ansiosos pela impressão causada.

Havia os que gostavam de derrubar seus acompanhadores, como Candinho Silva com seu conhecido 'O nó', nascido polca e hoje tocado como Choro. Ou os Choros de Pascoal de Barros, saxofonista da orquestra de Fon-Fon, que também tocou em escolas de dança.

Cada instrumentista desenvolveu o Choro à sua maneira e de acordo com seu meio.

Para falar só de pianistas, partindo de Nazareth, ainda temos Tia Amélia, um monumento vivo do Choro. Tivemos Centopeia, que conheci mais de informação. Carolina Cardoso de Menezes, digna continuadora de seu pai. Radamés, sempre na ativa, e Gaó, menos lembrado. Henrique Vogeler, autor de 'Ai, Ioiô', excelente pianista, que se orgulhava de tocar as valsas de Chopin no tom que se pedisse. Bené Nunes, Djalma Ferreira, mais conhecido como pianista de samba. Dos novos, Salvador que está nos Estados Unidos e Laercio (o Tio).

Um detalhe importante é que todos os compositores e executantes sempre estiveram abertos a qualquer influência externa, desde que ela viesse a enriquecer sua música, acrescentando-lhe novas formas de expressão. Se assim não fosse, Nazareth seria considerado um compositor polonês fazendo Choro.

No final do festival do Choro, assisti a jovens querendo trazer sua contribuição ao enriquecimento do Choro, baseados nas informações que tinham dos Beatles, rock etc. e o que se premiou foram as composições tradicionais, parecidas com tudo que já se fez, contrariando uma das principais forças do Choro que é a sua intensa criatividade.

Isso para não falar no Choro cromático de Benjamin Silva Araújo, cujo 'pecado mortal' foi ser muito elaborado, de difícil comunicação popular.

Creio que é a hora de se aproveitar o interesse dos modernos meios de comunicação e estabelecer as bases fundamentais do Choro, não como uma peça estática de museu, mas como uma grande força na defesa de uma expressão brasileira viva.

É importante lembrar que o Choro traz consigo o mesmo elemento que permitiu ao jazz atingir seu grande desenvolvimento: improvisação. Esta é sua grande força. A alegria contagiante de brincar com a música quase como num circo.

Assim, quando se tratar de defender nossa música, o essencial é preservar o ritmo que a caracteriza. Foi baseado no ritmo que nossos compositores mais caros criaram as músicas que hoje amamos. Quanto às melodias e harmonias, eles tiveram a maior liberdade de criação. Assim, as novas gerações devem receber nossa música: um patrimônio que elas têm direito e dever de enriquecer.

Lindolpho Gomes Gaya (Maestro Gaya)"

Com toda essa polêmica era de se esperar novidades para o ano seguinte, mas isso de fato não ocorreu. O II Festival Nacional do Choro — Carinhoso, de 1978, foi vencido pelo veterano K-Ximbinho, reacendendo mais uma vez a polêmica.

Num artigo publicado pela revista *Veja* e intitulado "Choro antigo: um festival convencional mas de muito bom nível", o jornalista e chorão Luís Nassif define o clima e faz suas queixas: "Polarizado entre os renovadores e os tradicionais, o júri permitiu que o estupendo 'Soluçando', de Lauro Henrique Alves Pinto — talvez o Choro tecnicamente mais completo deste Festival —, não fosse classificado sequer para as finais. Da mesma forma, parece difícil justificar a preterição de 'Cordão amigo', obra sensível do violonista Canhoto da Paraíba, ou o ótimo 'Homenagem a Pixinguinha', de Moacyr Cardoso — que não figuraram entre as cinco finalistas —, em favor de melodias unicamente singelas como 'Nostalgia', de Canhotinho do Cavaco (4º lugar), ou 'Pingo d'água', de Antônio D'Auria (2º lugar)".

Seguramente, o mais tradicionalista entre os tradicionalistas era o musicólogo Mozart Araújo, que não aceitava sequer a discussão sobre qualquer inovação. Mas foi José Ramos Tinhorão que sentenciou, com sua habitual delicadeza leninista: "Quem quiser algo diferente que crie o Festival do Choro de Vanguarda para gênios da alta classe média. Ou mate o povo que o incomoda com sua pobreza, sua rotina, sua falta de cultura, seu apego à tradição da orelhada, seu instrumental 'ultrapassado' e sua vocação para ser autêntico".

* * *

Mexendo em velhas fitas, encontrei uma em que gravei em 1977 três Choros para inscrever no I Festival Nacional de Choro — Brasileirinho. Ouvindo a gravação em que toco acompanhado pelos companheiros do Coisas Nossas (grupo onde comecei a atuar profissionalmente), fiquei surpreso, tantos anos depois, com a qualidade de certas ideias e me veio à memória a decepção que tive ao ler no jornal que não fora classificado para a fase eliminatória em São Paulo.

Essa decepção, que na época me fez perder o interesse em compor Choros, só foi dissipada quando anos mais tarde, comentando o assunto com o Radamés, ele me contou que fora desclassificado nos dois festivais, com três Choros diferentes em cada um. Confesso que me senti reconfortado.

Joel e Déo, uma rivalidade que nunca existiu: acima, os dois tocando o *Concerto para dois bandolins*, de Vivaldi, com a Orquestra de Câmera de Blumenau.

24.
JOEL NASCIMENTO & DÉO RIAN,
A DIFÍCIL HERANÇA DE JACOB

O ramal de trens da Leopoldina criou em seu rastro uma sequência de subúrbios de especial vocação para a música. E foi na Penha, o mais musical dos subúrbios da Leopoldina, que nasceu, no dia 13 de outubro de 1937, Joel do Nascimento.

Aos doze anos de idade, Joel viveu intensamente a febre do sucesso de "Brasileirinho" e foi essa a primeira música que tirou de ouvido do disco, num cavaquinho bem precário. Joel treinou muito "Brasileirinho", apostando corrida com seu vizinho conhecido como Jorge Metido, que tocava um pandeiro feito com lata de marmelada e com papelão em vez de couro.

No posto de gasolina de propriedade do pai, o irmão Joir avistou um dia, pilotando uma motocicleta, o violonista Francisco Sá, o Chiquinho, que tocava com Waldir Azevedo. A partir desse encontro, Chiquinho passou a dar aulas de violão para Joir e tornou-se amigo da família. Chiquinho tinha um temperamento divertido e reações inesperadas. Ao chegar para dar aulas, era cercado pelos quatro buldogues da casa de Joel, mas não se fazia de rogado. Dizendo que iria dominar o ímpeto dos cães, se abaixava e masturbava os bichinhos, que realmente passavam a adorá-lo. Joir foi aprendendo rapidamente as sequências de acompanhamento e, assim, Joel passou a ter em casa com quem tocar.

Aos quinze anos, Joel foi estudar piano e mais tarde embarcou no modismo do acordeom nas academias Mário Mascarenhas. No acordeom se especializou em tangos e boleros, criando o conjunto Joel e Seu Ritmo, que atuava em bailes na zona da Leopoldina. O repertório de Joel e Seu Ritmo tinha como carro-chefe os ritmos latinos, mas atuavam no carnaval com cavaquinho, violino e os demais instrumentos eletrificados. O conjunto costumava tocar também em caminhões de políticos amigos de seu Xavier, pai de Joel e Joir, e que nunca conseguiam se eleger.

Afamados na Penha e arredores, Joel e Seu Ritmo tinha como rivais a Dupla Pingue e Pongue, de dois acordeons tocados pelos irmãos Gilson e Gelson. Anos mais tarde, um desses acordeonistas se tornaria o consagrado pianista e arranjador Gilson Peranzzetta.

Aos dezoito anos, Joel foi estudar no Conservatório Brasileiro de Música com Max de Menezes Gil. O estudo prosseguiu por quatro anos e meio, até que o ouvido esquerdo parou de funcionar com a otoesclerose. A esta altura, Joel trabalhava meio expediente na Panair do Brasil e estudava à noite. Com a falta de perspectivas na música, Joel partiu para a carreira de técnico em radiologia. Após cursos e concursos, passou a ter três empregos, deixando a música de lado.

Um domingo, Joel estava em casa esperando para ouvir o futebol pelo rádio, quando Joir chegou com um amigo chamado Oraci, que desejava ouvi-lo tocar. Joel relutou avisando que o instrumento estava com as cordas enferrujadas, mas devido à insistência dos dois, passou um Bom-Bril e tocou algumas músicas, encantando o visitante. A partir desse encontro ocorrido em 1968, Joel começou a reencontrar a música nos sábados à tarde, em reuniões na casa de Oraci. Esses saraus eram frequentados pelos mais respeitados músicos de Choro da época, e Joel comparecia com seu velho cavaquinho afinado como bandolim.

Um dia no ano seguinte, Joel teve a surpresa de ganhar do dono da casa um bandolim feito de encomenda na loja Ao Bandolim de Ouro. Nascia ali o Joel do Bandolim, ou melhor, o Joel Nascimento.

* * *

No outro ramal de trens suburbanos do Rio, o da Central do Brasil, no subúrbio de Marechal Hermes, nasceu, no dia 26 de fevereiro de 1944, Déo Cesário Botelho. Por influência dos tios, que eram músicos amadores, com nove anos começou a tocar cavaquinho, afinado como bandolim.

A infância e a adolescência passadas no bairro de Jacarepaguá contribuíram muito para aproximar Déo do Choro, pois o bairro era um reduto de velhos chorões.

Um dos pontos de encontro desses chorões que Déo conheceu desde muito garoto foi o chamado Retiro da Velha Guarda, nome dado inicialmente ao encontro regular de músicos na casa do violonista Alcebíades. Mais tarde, o ponto de encontro passou a ser a casa de João Dormund, na rua Maricá. Lá a turma da antiga se encontrava sempre aos domingos à tarde. Gente como Juvenal Peixoto, clarinetista e professor de matemática, Léo, irmão de Pixinguinha, Napoleão de Oliveira, fundador do rancho Ameno Resedá, Honório, primo de Pixinguinha, Cincinato do Bandolim, Luperce Miranda e muitos outros, incluindo Jacob. Embora abrigasse em suas hostes vários boêmios inveterados, as reuniões no Retiro da Velha Guarda eram bem ortodoxas. Havia na entrada um aviso: "Música sim! Política não!". E não se tomava nada além de café e água.

Quando completou o ginásio, aos dezesseis anos, Déo foi levado por seu pai, Inácio dos Santos Botelho, que chegou a tentar carreira como cantor, para estudar com o clarinetista Moacir Arouca. Foi com a orientação de Moacir na parte teórica e com um método francês para bandolim que Déo foi se aperfeiçoando.

Aos domingos, Déo sempre ficava dividido entre o futebol de várzea e as rodas de Choro que ocorriam em casas de família ou em bares da Freguesia. Numa dessas rodas, no açougue do Lulu, um violonista e carpinteiro chamado Milton convidou Déo para ir na casa de Jacob. No dia em que completou dezessete anos, Déo pisou pela primeira vez na casa do mais prestigiado chorão da época e tocou acompanhado pelos violonistas Passarinho e Salviano.

Jacob chamou a atenção de Déo, pois este tinha o hábito de tocar batendo o pé. Com sua delicadeza habitual, Jacob pisou no pé de Déo. Ao final da tocata, Jacob disse que se ele quisesse poderia vir a sua casa todos os domingos, e assim Déo passou a ser dos mais íntimos frequentadores da casa e do arquivo de Jacob. Jacob não foi um professor formal, mas deu ao jovem bandolinista alguns toques que o ajudaram. Mais tarde, Déo foi estudar com Luperce, aperfeiçoando ainda mais sua técnica.

* * *

A vida foi seguindo e Joel tocando aqui e ali. Depois de algum tempo, os empregos em hospitais foram substituídos pelo de técnico em radiologia do Instituto Médico Legal, profissão que o próprio Joel sempre chamou de "fotógrafo de presunto".

Em agosto de 1974, surgiu a primeira oportunidade de Joel entrar para o primeiro time. Foi a gravação do disco *A música de Donga* produzido por J. C. Botezelli, o Pelão. De repente, Joel se viu tocando com Dino, Meira, Canhoto e seus outros ídolos, e, ao contrário do que se podia imaginar, ficou bem à vontade.

Ainda no mesmo ano, Joel participou de duas faixas no disco de João Nogueira: "Braço de boneca" e "De rosas e coisas amigas". João e Joel se conheceram na casa do advogado Newton Feital, um grande festeiro da ilha de Paquetá. Lá, durante uma reunião, João cantou "Braço de boneca" e Joel improvisou um solo. Daí veio o convite para a gravação e a ligação com João Nogueira, uma ligação que levou Joel a participar de shows como *Vem quem tem, vem quem não tem*, juntamente com Cartola, Roberto Nascimento, Cláudio Jorge, Guinga e outros. A colaboração e a amizade com João Nogueira abriram caminho ainda para o primeiro LP.

O radialista Adelzon Alves, produtor do disco de João Nogueira, passou a dar chamadas pelo rádio: "Alô, Joel do Bandolim, alô, Suvaco de Cobra". Essas chamadas despertaram o interesse de jornalistas como Lena Frias e Juarez Barroso, primeiros a noticiar os encontros chorísticos no bar da Penha Circular.

Em sua coluna do jornal *O Globo*, o jornalista Nelson Motta começou a cobrar o lançamento de um disco solo de Joel e a oportunidade veio com o LP *Chorando pelos dedos*. O lançamento do disco foi um acontecimento especial envolvendo o Suvaco de Cobra e imediações. Havia músicos às dezenas espalhados pelas proximidades do bar e era possível ver Elizeth cantando à sombra de uma mangueira. O disco foi muito bem recebido pelo público e nos seis anos que ficou em catálogo vendeu cerca de 40 mil cópias, um resultado excelente.

Quem não gostou muito do trabalho foi a crítica de perfil mais conservador, afinal esperavam um disco de Choro e Joel havia feito um LP mais diversificado, com orquestra e um perfil mais adaptável à programação das FMs da época. De todos os que falaram mal, o mais feroz foi José Ramos Tinhorão, que não só no primeiro, mas também nos dois outros LPs que se seguiram, foi extremamente duro com Joel. Parecia que era crime alguém não seguir os passos de Jacob.

Com o nome firmado e sendo convidado para inúmeros eventos como o Choro na Praça e os projetos Pixinguinha e Seis e Meia, Joel passou a segunda metade da década de 1970 trabalhando muito e procurando se aperfeiçoar como instrumentista.

*   *   *

Pouco tempo antes da morte de Jacob, o cavaquinista Elias convidou Déo para ir à casa de Canhoto numa festa de aniversário. Lá estava, entre inúmeros chorões, o acordeonista e arranjador Orlando Silveira, que gostou muito do jeito com que Déo tocava e disse que o levaria para gravar na Odeon. O disco na Odeon não saiu, mas Dalton Vogeler, que também estava presente na festa, convocou Déo para um teste na

RCA. O teste foi feito sem acompanhamento e a direção artística da gravadora aprovou. O primeiro disco foi dedicado inteiramente às composições de Ernesto Nazareth. O acompanhamento ficou a cargo do Quinteto Villa-Lobos e do Quarteto da Escola de Música da UFRJ, além de uma base com Dino, Canhoto e Gilberto. O produtor Dalton Vogeler foi ainda quem sugeriu a Déo que acrescentasse o Rian em seu nome artístico, para não confundir com o cantor Déo, "O ditador de sucessos", que nessa época ainda estava em atividade e residindo em São Paulo. O disco ainda não havia saído quando César Faria convidou Déo para tocar com o Época de Ouro, em sua primeira remontagem após a morte de Jacob. Quando o disco saiu, Dalton revelou que, poucos dias antes de sua morte, Jacob vaticinara que Déo deveria ser o seu sucessor. A imprensa tratou de homologar Déo como sucessor e nem reparou em quantas diferenças havia entre ele e Jacob.

Já com o Época de Ouro rearticulado, foi montado em 1973 o show *Sarau*, no Teatro da Lagoa. O sucesso do show foi muito grande e diversos solos eram bisados. Um dia o maestro Nelsinho assistiu ao show e convidou Déo para gravar na Odeon seu segundo disco de solista, *Choros de sempre*. Nessa época, Déo trabalhava na Companhia Estadual de Gás de dia, estudava à noite, tocava e gravava. Uma jornada quase inacreditável.

Com o Época de Ouro, gravou dois ótimos LPs na Continental: *Época de Ouro*, de 1974, e *Clube do Choro*, em 1976. É desse segundo disco a faixa "Os boêmios", incluída na trilha da novela *Pecado capital*, como tema do personagem principal, o motorista de táxi Carlão, vivido por Francisco Cuoco.

Em 1977, pouco antes da gravação do LP *Época de Ouro interpreta Pixinguinha e Benedito Lacerda*, Déo deixou o Época, em virtude dos problemas com os constantes porres de Jonas. Para um músico tão sério e caprichoso quanto Déo, era impossível conviver com os constrangimentos dessas situaçoes. Logo em seguida, participou do show *Canto das três raças*, com Clara Nunes, na inauguração do teatro de propriedade da cantora, e organizou o Conjunto Noites Cariocas com Manuel e Damázio nos violões, Julinho no cavaquinho e Darly no pandeiro.

Por iniciativa do produtor Homero Ferreira, Déo fez em 1980 o LP *Inéditos de Jacob do Bandolim*, um disco em que diversas ideias e admirações de Jacob pontuam os arranjos de suas composições.

A um período tão produtivo seguiu-se mais de uma década de pouca atividade, em que Déo foi ao Japão e continuou tocando com seu grupo.

Recentemente, Déo remontou seu grupo com a inclusão de músicos jovens e lançou dois CDs independentes com repertório precioso: *Choro em família* e *Choro choro choro.com.Déo Rian*.

* * *

Personalidades extremamente diversas, Déo e Joel são um exemplo de admiração mútua e sincera entre grandes solistas de Choro. Mesmo durante os anos em que, ora um, ora outro, eram apontados como "legítimos sucessores" de Jacob, nunca houve rivalidade entre eles.

A capacidade de levar o bandolim brasileiro adiante, depois de uma presença tão marcante quanto a de Jacob, é um mérito a ser dividido por Joel e Déo, sem esquecermos outras personalidades do bandolim brasileiro como Izaías, Ronaldo e Armandinho. O resultado dessa abertura é que hoje em dia existem dezenas de bandolinistas jovens e cada um deles busca um caminho próprio.

Déo Rian e Joel Nascimento passaram pelo difícil teste de serem comparados a Jacob do Bandolim, mas, talvez por terem aparecido num momento tão delicado para o Choro, ainda não foram devidamente aquilatados. Felizmente ainda há tempo.

25.
CAMERATA CARIOCA:
O CHORO CHEGA AO MUNICIPAL

Numa noite chuvosa de agosto de 1979, um público relativamente pequeno foi assistir ao espetáculo *Tributo a Jacob do Bandolim*, no Teatro João Caetano, Centro do Rio. A homenagem pela passagem dos dez anos da morte de Jacob era dirigida por Hermínio Bello de Carvalho e tinha no elenco o bandolinista Joel Nascimento, o maestro Radamés Gnattali e um quinteto instrumental.

Logo nos primeiros números do programa, a plateia formada predominantemente por músicos — inclusive o autor destas linhas — percebeu estar diante de algo novo. A combinação do virtuosismo de Joel, o balanço experiente de Radamés e o apuro daquele jovem grupo gerava uma nova imagem para o Choro.

O começo de tudo foi a ideia do bandolinista Joel Nascimento de pedir ao maestro Radamés Gnattali uma transcrição da *Suíte Retratos* para a formação instrumental típica dos conjuntos de Choro — bandolim solista, violão de sete cordas, dois violões de seis cordas, cavaquinho e pandeiro.

A versão original de *Retratos* — gravada por Jacob do Bandolim em 1964 — tinha em sua instrumentação dois violões, cavaquinho e pandeiro, mas com função de acompanhadores. O solo era dividido pelo bandolim com a orquestra de cordas (violinos, violas etc.). A ideia de Joel era que na nova versão o grupo fizesse toda a parte de orquestra.

Gnattali hesitou um pouco, mas acabou apostando numa versão camerística de *Retratos*. No dia 27 de janeiro de 1979, aniversário de 73 anos de Radamés, Joel apareceu com um grupo de jovens músicos e tocou a suíte, deixando o maestro muito satisfeito.

A opção de tocar a peça com músicos menos experientes em vez dos chorões tradicionais veio da necessidade de leitura musical e da intuição de Joel, em busca de algo diferente e mais apurado em termos de sonoridade. Partindo da base do extinto conjunto Os Carioquinhas — Raphael

Rabello no violão de sete cordas, Maurício Carrilho no violão, Luciana Rabello no cavaquinho e Celsinho Silva no pandeiro — e que já vinha tocando com Joel, a formação incorporou um violão solista executado por Luiz Otávio Braga.

O grupo assim constituído apresentou *Retratos* no auditório da Escola de Música da UFRJ e a estreia em maior âmbito foi no espetáculo *Tributo a Jacob do Bandolim*. Pouco antes de o *Tributo a Jacob* estrear, Luiz Otávio viajou para o Japão com Paulo Moura, sendo substituído por João Pedro Borges, violonista de formação clássica e discípulo de Turíbio Santos.

Depois de uma estreia consagradora em Curitiba e de shows no Rio de Janeiro e em São Paulo, o grupo foi a Brasília, onde repetiu o êxito. No aeroporto da capital federal, onde aguardavam o retorno, todos exultavam de satisfação. Hermínio, no auge do entusiasmo, declarou: "Isto não é mais um regional, é uma camerata, a Camerata Carioca". Depois de o nome ter sido aprovado por aclamação, Radamés completou: "Bem, já que é uma camerata, vou escrever um Concerto de Vivaldi para nós tocarmos".

E de fato escreveu. Não só o *Concerto grosso op. 3 nº 11 em ré menor* de Vivaldi, mas diversos outros arranjos, inclusive uma versão com a Camerata do *Concerto para piano e orquestra nº 5 — Seresteiro*, que anos mais tarde levaria o grupo ao palco do Teatro Municipal.

Cabe acrescentar que o Concerto de Vivaldi em questão havia sido tocado na primeira apresentação que Radamés fez no Rio em 1924, e na época essa música era atribuída a um dos filhos de J. S. Bach. Radamés não era muito fã de Vivaldi, mas ressaltava: "O Vivaldi era o Martinho da Vila do Barroco, as músicas dele são parecidas umas com as outras, mas o público gosta muito".

O repertório arranjado inicialmente por Radamés e que tinha, além da suíte, várias músicas de Jacob foi gravado no LP *Tributo a Jacob do Bandolim*, que, por causa de desentendimentos de Joel com sua gravadora, a Odeon, só seria lançado no ano seguinte pela Warner, graças a uma negociação azeitada por Sérgio Cabral.

* * *

Aos poucos, a vontade de fazer um trabalho camerístico mais aprofundado foi tomando conta do grupo, passando a exigir um número muito maior de ensaios, se comparado com os trabalhos usuais de grupos de Choro. Surgiu daí uma dificuldade prática em se manter no grupo Raphael e Luciana, que vinham recebendo vários convites para gravações e viagens, inclusive para o exterior.

Para o afastamento de Raphael foi encontrada uma solução caseira, a volta de Luiz Otávio, agora no sete cordas. Para o cavaquinho eu fui convidado, aceitei, mas havia um problema. Apesar de já ter uma razoável desenvoltura no instrumento, eu não sabia ler música. Foi montada uma operação de guerra e tive que aprender a ler em menos de um mês. Além de aulas com o professor Ian Guest, a ajuda dos outros músicos da Camerata, principalmente do Maurício, tornou possível a assimilação do repertório.

Faltava ainda resolver o problema da percussão, adequando-a ao resultado sonoramente mais delicado que o grupo almejava. Para isso foi convidado o Beto Cazes.

A preocupação com a dinâmica e a qualidade de som fez com que se desenvolvessem, na Camerata, experiências que mais tarde seriam reproduzidas por outros músicos. É o caso da utilização de um violão de sete com cordas de náilon, o que trazia mais equilíbrio ao naipe. Essa opção, desenvolvida por Luiz Otávio, foi mais tarde adotada por Raphael e vários outros violonistas.

Em julho de 1980, Radamés e a Camerata estrearam no Teatro Guaíra, em Curitiba, o novo trabalho intitulado *Vivaldi & Pixinguinha*. O sucesso da estreia foi precedido de algumas dificuldades, como a baixíssima temperatura da cidade e a pouca intimidade de Radamés com o cravo, instrumento que era usado no *Concerto grosso*. Num dos ensaios, já bastante irritado com o instrumento, o maestro desabafou: "Não é à toa que quando inventaram o piano jogaram essa merda fora!".

Depois da estreia, o repertório foi gravado e tudo fazia crer que o alto grau de produtividade da Camerata seria mantido. Afinal, antes de completar um ano de vida o grupo já tinha dois LPs. Porém, uma série de fatores, como a desistência do governo do Paraná em lançar o *Vivaldi & Pixinguinha* e o desligamento de Hermínio do trabalho, fizeram com que a Camerata passasse cerca de dois anos "meio na geladeira".

Erudita demais para tocar em shows de música popular e popular demais para ser convidada a apresentações em séries de concerto, a Camerata Carioca ficou no limbo por algum tempo.

* * *

O trabalho junto a cantores já havia sido realizado com êxito em parcerias com Elizeth Cardoso e Maria Lúcia Godói, mas foi através de

Nara Leão que a Camerata reapareceu em fins de 1982. Na verdade, partiu de Maurício a ideia de procurar Nara e lhe propor parceria. A cantora, que já pensava mesmo em retornar aos palcos, mantendo sua tradição de apresentar surpresas, viu no grupo uma ótima possibilidade.

Por sugestão do diretor Túlio Feliciano, foram convidados três ritmistas do Cacique de Ramos para dar o contraponto necessário ao equilíbrio do espetáculo. A Camerata, por sua vez, adotou um reforço, a flauta e o sax-alto de Edgard Gonçalves, o Dazinho. Assim formado, o elenco estreou em fins de 1982 o show *Nasci para bailar*, no Teatro da Lagoa.

Era a volta de Nara, após um afastamento de alguns anos, motivado pelos problemas de saúde que anos mais tarde a levariam à morte. Respeitada por sua postura artística arrojada, sempre se antecipando às novas tendências, Nara teve uma estreia repleta de estrelas da MPB. De Clara Nunes a Gal Costa, de Cazuza a Paulinho da Viola, estava todo mundo lá.

O ano de 1983 foi catastrófico para a economia brasileira. Talvez o de recessão mais aguda de toda a chamada década perdida. Mas foi justamente nesse ano sinistro que a Camerata Carioca colheu frutos do que vinha plantando nos anos anteriores.

Em maio de 1983, esteve ao lado de Elizeth Cardoso e Radamés Gnattali em outro êxito, o show *Uma rosa para Pixinguinha*, dirigido pelo mesmo Túlio e que superlotou a Sala Funarte por duas semanas. O espetáculo foi gravado ao vivo e lançado em disco, agora reeditado em versão integral em CD.

Simultaneamente, a Camerata participou da gravação do antológico LP de Nara *Meu samba encabulado* e assinou contrato com a Polygram, iniciando imediatamente a gravação de seu próprio disco. Assim, trabalhou-se febrilmente ao longo dos meses de maio e junho, de modo que, em fins de julho, Nara & Camerata lançassem seus discos no Projeto Pixinguinha.

Com um repertório que já vinha sendo amadurecido ao longo de três anos, gravou-se relativamente rápido o LP *Tocar*, incluindo em sua eclética seleção: Piazzolla, Villa-Lobos, Leo Brouwer, Wagner Tiso, Pixinguinha e, naturalmente, Radamés Gnattali, que inclusive participou da gravação de seu delicioso Choro "Remexendo".

Tocar era um primor musical amplamente reconhecido pela crítica. O que não combinava nem um pouco era a capa e principalmente a contracapa. Para a capa, a Camerata foi fotografada de branco, sobre fun-

O disco *Tocar* da Camerata Carioca: música de primeira em embalagem esquisitona.

De 1979 a 1985, o grupo privou da intimidade de Radamés Gnattali. Da esquerda para a direita: o autor, Luiz Otávio Braga, Maurício Carrilho (encoberto), o maestro, Beto Cazes, Joaquim Santos e Joel Nascimento.

do branco, e por cima de nossas cabeças o responsável (?) pelo trabalho colocou uma aguada de ecoline que mais parecia uma tempestade prestes a desabar sobre nós. Era feio, mas até que foi profético. O pior era a contracapa. Por entre caricaturas de gosto pra lá de duvidoso, vê-se uma mulher se masturbando numa associação de ideia com o título *Tocar*, coisa que só pode ter saído da cabeça de um tarado.

O LP recebeu o prêmio Playboy de melhor disco instrumental do ano, mas até hoje ninguém conseguiu entender aquela ode ao onanismo.

* * *

Os preparativos para o concerto de entrega do Prêmio Shell a Radamés Gnattali, em fins de agosto de 1983, foram bastante tumultuados. Estava em curso uma briga dos funcionários e da Orquestra do Teatro Municipal com a administração da FUNTERJ. A briga era pesada e o clima muito tenso. Dos cinco ensaios previstos inicialmente, passamos para quatro, três e finalmente dois. No programa havia ainda outra primeira audição: o *Concerto para dois violões, cordas, flauta e tímpanos*, dedicado a Sérgio e Odair Assad.

O maestro Mário Tavares seria o regente das duas obras em que Radamés iria tocar, o *Concerto romântico* e o *Concerto seresteiro*. A Camerata se preparou durante a viagem do mês anterior ensaiando diariamente, e o que se temia era o encaixe da orquestra com o piano e o grupo. No dia do primeiro ensaio no teatro, brigavam orquestra, maestro, funcionários e o compositor Ailton Escobar, que representava o governo estadual.

A muito custo foi passado o *Concerto para dois violões*, e já na fase final do ensaio o *Concerto romântico*. Neste, aconteceu que o tempo de ensaio acabou no meio do terceiro movimento, o *spalla* Giancarlo Pareschi se levantou, mandou que a orquestra parasse e acabou com o ensaio. Minutos depois, Radamés bufava de raiva diante de um chope no Amarelinho:

— Isso não é um prêmio, é um castigo!

Para nós era como a aproximação do cadafalso. Dos dois ensaios, agora só tínhamos um para resolver uma peça extensa e bastante elaborada. Após o segundo ensaio, em que não conseguimos chegar ao final da música, foi acertado que faríamos uma passada geral antes do concerto.

Curiosamente, quando chegou a noite, Radamés estava tranquilo e feliz, como pode ser visto no filme *Nosso amigo Radamés Gnattali*, do músico e cineasta Aloísio Didier.

Ao contrário de Radamés, nós estávamos nervosos e mesmo os experientes Sérgio e Odair também pareciam preocupados. Se pesarmos numa balança as dificuldades de ensaio, o pioneirismo da própria formação etc., pode-se dizer que o resultado foi inacreditável.

O crítico Luís Paulo Horta entendeu tudo:

> "O ecletismo de Radamés pode incomodar a um purista. Suas obras parecem às vezes fantásticas colagens, onde há reminiscências dos seus tempos de arranjador da Rádio Nacional, do jazz, da música de cinema — e nos últimos tempos, cada vez mais da tradição do Choro carioca. Mas quem não tiver preconceitos e tiver os ouvidos abertos, descobrirá facilmente, por trás disso tudo, um fabuloso artesão, um grande inventor de melodias, um eterno experimentador que fascina a juventude, com sua própria juventude de espírito. Radamés quis que o concerto do Municipal, em vez de recapitular suas 'grandes obras', fosse um testemunho dessa experimentação: só ele mesmo colocaria lado a lado a Camerata Carioca — o nosso brilhante conjunto de Choro — e a Orquestra Sinfônica do Municipal.
>
> Radamés terá querido assim homenagear esse conjunto com que tem tocado sempre — e a quem abriu vastos horizontes, transpondo para a Camerata até mesmo concertos de Vivaldi.
>
> A alquimia sonora, no *Concerto seresteiro*, que resultou disso talvez ainda não esteja pronta, restam problemas a resolver. Mas é disso, aparentemente, que Radamés gosta, em seus 77 anos curtidos em música."

* * *

Se um solista de Choro como Garoto já havia tocado no Teatro Municipal, e até mesmo o pai do Choro, Pixinguinha, tinha sido homenageado no templo sagrado da música de concerto, por que considerar que o Choro chegou ao Municipal apenas em 1983?

Ora, essa designação que dá título a este livro decorre do fato de ter sido a primeira vez que um conjunto de Choro, com uma instrumentação típica, atuou como solista à frente de uma orquestra sinfônica, dentro de um programa que não era de Choro. Foi portanto a primeira vez que o Choro foi posto em pé de igualdade com a chamada música erudita, ou como preferia Radamés, música de concerto.

Quanto ao título do livro, não se trata de uma trajetória que começa no quintal e acaba no Municipal. O Choro é visto em vários ambientes que vão da roda informal até a sala de concerto. A capacidade dessa música de se adaptar a objetivos que vão do simples lazer à rigorosa apreciação artística é por si só a chave da vitalidade do Choro.

26.
CHORO CANTADO, UM ASSUNTO POLÊMICO

Pode-se dizer que este assunto tão polêmico começou com uma figura também polêmica — Catulo da Paixão Cearense. Com um nome civil que mais parece nome artístico, Catulo nasceu em São Luís em 1886 e passou parte da adolescência no sertão do Ceará. Em 1880, veio para o Rio, onde trabalhou no porto e estudou línguas, tornando-se tradutor. Por essa época, tocava flauta e conheceu chorões como Viriato, Anacleto e Quincas Laranjeira, iniciando a série de letras que adaptava às melhores melodias que ia encontrando.

Mais tarde, Catulo conheceu João Pernambuco e compôs pelo menos dois grandes sucessos de parceria: "Cabocla de Caxangá" e "Luar do sertão", sendo que neste não apresentou o nome do parceiro, gerando grande confusão.

Parnasiano sem o brilho de um Bilac ou Raimundo Correia, Catulo aproveitou a falta de concorrentes e letrou Callado, Nazareth, Anacleto, Irineu de Almeida, Luís de Souza, Carramona e outros craques. Não dando a menor bola para o clima que a melodia sugeria, dava novos títulos à música, gerando confusões de dupla nomenclatura como "Iara" e "Rasga coração", "Terna saudade" e "Por um beijo".

Nos anos 1930, quando as fórmulas de Catulo já não produziam efeito, surgiu o estilo em que melhor conviveram versos e musicalidade chorística. O samba-choro teve como melhores autores as duplas Gadé-Walfrido Silva e Pedro Caetano-Claudionor Cruz.

Gadé era um pianeiro e Walfrido baterista, e ambos tinham muito balanço. A primeira composição da dupla já trazia a marca do humor e se intitulava "Amor em excesso". Cantada pelo melhor intérprete desse estilo, Almirante, foi o começo de uma série que inclui "Estão batendo", "Que barulho é esse", "Vou me casar no Uruguai" e a mais conhecida, "Faustina", de autoria apenas de Gadé.

* * *

Paulista de Bananal que chegou ao Rio ainda criança, Pedro Walde Caetano, já em sua primeira composição, mostrou habilidade para lidar com a rítmica do Choro. O excelente "Pedra que rolou", feito sem parceiro, traz em duas segundas partes exemplos de perfeita integração de letra e música.

Em 1938, Pedro Caetano passou a compor regularmente com o multi-instrumentista de cordas Claudionor Cruz. O primeiro sucesso foi a valsa "Caprichos do destino", cantada por Orlando Silva. Logo em seguida, foi a vez de "Engomadinho", cantado com muita bossa por Aracy de Almeida. Algum tempo depois, a dupla faria, a pedido de Sílvio Caldas, uma verdadeira obra-prima, que seria resgatada por Paulinho da Viola nos anos 1970, "Nova ilusão".

Essa música tem uma história muito peculiar. Em 1940, Sílvio Caldas ia estrear um show no Copacabana Palace num sábado e, na terça-feira anterior, fez a encomenda. Falou com Claudionor para que fizesse com Pedro uma música no estilo de "Da cor do pecado", de autoria de Bororó, sucesso do próprio Sílvio no ano anterior. A iniciativa visava fazer frente ao mais recente sucesso de Orlando Silva, "Curare", também de Bororó e também um samba-choro.

Durante aquela semana, Claudionor Cruz e Pedro Caetano não tinham como arranjar tempo para um encontro. Então, tiveram a ideia de seguir à risca o figurino encomendado. Pedro faria uma nova letra para "Da cor do pecado" e Claudionor, uma nova melodia para os versos de Bororó.

Combinado o esquema, foi cada um para seu lado resolver a tarefa. Na quinta à noite, no bar do Copa, se encontraram e, com a ajuda da enorme musicalidade de Sílvio, foram juntando letra e música. Tudo se encaixava com perfeição. Nascia ali o genial "Nova ilusão":

É dos teus olhos a luz
que ilumina e conduz
minha nova ilusão
É nos teus olhos que vejo
o amor, o desejo
do meu coração
És um poema na terra
Uma estrela no céu
Um tesouro no mar
És tanta felicidade

que nem a metade
consigo exaltar

Se um beija-flor descobrisse
a doçura e a meiguice
que teus lábios têm
jamais roçaria as asas brejeiras
por entre roseiras
em jardins de ninguém
Oh! dona do sonho
ilusão concebida
surpresa que a vida
me fez das mulheres
Há no meu coração
um amor em botão
que abrirá se quiseres

Sílvio estreou a música, que foi apontada como a mais perfeita da dupla. No mesmo ano, Orlando gravou outro samba-choro maravilhoso de Pedro e Claudionor: "A felicidade perdeu meu endereço".

* * *

Em 1941, chegou ao Rio uma mocinha de vinte anos chamada Ademilde Fonseca Delfim. Nascida em Macaíba, Rio Grande do Norte, e criada desde os quatro anos em Natal, Ademilde no ano seguinte começou sua originalíssima carreira no programa de calouros *Papel Carbono*, de Renato Murce. Ainda em 1942, sua primeira gravação saiu pela Columbia com o "Tico-tico no fubá" (Zequinha de Abreu/Eurico Barreiros) de um lado e "Voltei pro morro" (Benedito Lacerda/Darci de Oliveira) do outro.

Três anos depois, Ademilde se tornaria um nome conhecido nacionalmente pelo sucesso de "Rato-Rato", a velha polca de Casemiro Rocha. No começo dos anos 1950, Ademilde selou sua ligação com o Choro no rastro do sucesso de Waldir Azevedo, gravando com grande repercussão "Brasileirinho", com letra de Pereira da Costa. Seguiram-se os sucessos de "Delicado" e "Pedacinhos do céu", além do excelente "Teco-teco", de Pereira da Costa e Milton Vilela. Ademilde trabalhou nas rádios Tupy e Nacional, e acumulou boa experiência internacional em viagens com a Orquestra Tabajara e o cantor Jamelão.

Antes de Ademilde, cantoras como Carmen Miranda e Aracy de Almeida já tinham cantado Choro e samba-choro. A meu ver, o que deu a Ademilde o título de "Rainha do Chorinho" foi o fato de ter se projetado e partir de gravações com letra de sucessos chorísticos instrumentais. Isso, fora o domínio técnico para cantar em alta velocidade.

Na década de 1970, quando o Choro esteve em moda, Ademilde lançou um disco com algumas músicas inéditas, com especial destaque para "Títulos de nobreza (Ademilde no Choro)", de autoria de João Bosco e Aldir Blanc. A curiosidade desta letra é o fato de usar títulos de Choros famosos para homenagear ao final a "Rainha do Chorinho".

> *Tira a poeira das Reminiscências*
> *Simplicidade, Lamentos Jamais*
> *Pérolas, Língua de preto, Cadência*
> *Mágoas, Cristal, Pedacinhos do céu*
> *Murmurando Ingênuo Migallhas de amor*
> *Saxofone me diz, por que choras?*
> *Ai, Carinhoso e Brejeiro*
> *O chorinho Odeon nas Noites Cariocas*
>
> *Naquele tempo Chorei, Vou vivendo*
> *Nosso romance, Ainda me recordo*
> *Flor amorosa Apanhei-te Assanhado*
> *Numa seresta De sapato novo*
> *Eu Vascaíno Um a zero*
> *Entre mil Vibrações*
> *Ademilde no Choro*

Ademilde passou pela marca dos oitenta anos em 2001 e continua participando de projetos e sendo homenageada aqui e ali. Seu estilo não teve continuadoras de fato, mas, recentemente, conheci uma japonesa que canta todo o repertório da "Rainha do Chorinho". Isso sem falar uma palavra de português e com perfeita dicção. Um espanto!

* * *

Mas, afinal, onde está a polêmica anunciada pelo título deste capítulo? A resposta deve ser dividida entre aspectos éticos e artísticos.

Teria um letrista o direito de escolher uma melodia de autor já falecido e dela usufruir inclusive no aspecto de direito autoral? Catulo acha-

Ademilde Fonseca, a Rainha do Chorinho, canta acompanhada de Dino, Jonas e César, entre Negrão de Lima e Pixinguinha.

va que sim, e mais, achava que os melodistas eram meros colaboradores para suas "grandes obras". Tanto é que nunca reconheceu João Pernambuco como coautor de "Luar do sertão" e processou Villa-Lobos por ele ter usado a *schottisch* "Iara" como tema do "Choros nº 10". Diga-se de passagem, Villa só usou a melodia, que foi feita por Anacleto.

Mais recentemente, as letras feitas por Hermínio Bello de Carvalho para músicas de Jacob, João Pernambuco, Nazareth e Chiquinha Gonzaga têm divido as opiniões. Radamés, por exemplo, achava que o autor da melodia tinha o direito de aprovar ou não a letra e, sendo assim, não considerava ético a letra póstuma.

Um problema ético a mais é a inclusão permanente do nome do letrista como coautor, como pode ser visto na gravação do bandolinista norte-americano Mike Marshall, que gravou "Assanhado", de Jacob do Bandolim e Baby Consuelo. Do ponto de vista artístico, o resultado tem sido bastante irregular. No caso de Hermínio, sente-se um certo desinteresse pelo clima sugerido pela melodia e, por mais alegre que ela seja, o letrista está sempre falando de amores fracassados. Exemplo agudo do descaso de Hermínio com o clima da melodia é o alegre e quase humorístico "Escorregando", de Nazareth, e cuja letra começa com: "Meu coração é um manguezal ameaçado de extinção". Por essas e outras, o Choro cantado tem tantos opositores.

O contrário disso ocorreu com o músico e compositor Nelson Ângelo, que surpreendeu a todos como uma inimaginável letra para "Um a zero". Nelson levou o clima da melodia às últimas consequências:

Vai começar o futebol, pois é
Com muita garra e emoção
São onze de cá, onze de lá
E o bate-bola do meu coração
É a bola, é a bola, é a bola
E o gol
Numa jogada emocionante
O nosso time venceu
Por um a zero
E a torcida vibrou

Vamos lembrar a velha história desse esporte
Começou na Inglaterra e foi parar no Japão
Habilidade, tiro cruzado

Mete a cabeça, toca de lado
Não vale é pegar com a mão
E o mundo inteiro
Se encantou com essa arte
Equilíbrio e malícia
Sorte e azar também
Deslocamento em profundidade
Pontaria na hora da conclusão
Meio de campo organizou
E vem a zaga rebater
Bate e rebate de primeira
Ninguém quer tomar o gol
É coisa séria e é brincadeira
A bola vai e volta
E vem brilhando no ar
Se o juiz apita errado
É que a coisa fica feia
Coitada da sua mãe
mesmo sendo uma santa
cai na boca do povão
pode ter até bolacha, pontapé, empurrão
Só depois de uma ducha fria
É que se aperta a mão (ou não)

Aos 40 do segundo tempo
O jogo ainda zero a zero
E todo time quer ser campeão
Tá lá o corpo estendido no chão
São os minutos finais
Vai ter desconto
Mas numa jogada genial
Aproveitando o lateral
Num cruzamento que veio de trás
Alguém chegou
Meteu a bola na gaveta
E comemorou

Da perfeição dos versos de Braguinha para a melodia de "Carinhoso" à indigência linguística da letra que Baby colocou em "Assanhado", acontece de tudo no Choro cantado. De tudo mesmo. Duas letras para um mesmo Choro, como são os casos de "Tico-tico no fubá", que tem letras de Eurico Barreiros e de Aloísio de Oliveira, e "Doce de coco", que tem letras de João Pacífico e Hermínio Bello de Carvalho. Até o "Carinhoso" foi letrado duas vezes, uma por Braguinha e outra por Pedro Caetano.

Nos dias de hoje, o grande avanço no gênero são as composições de Guinga e Aldir Blanc, que têm dado a oportunidade a cantoras como Leila Pinheiro e a jovem Carol Saboya de mostrar serviço.

27.
OFICINAS E LIVROS, O CHORO VAI À ESCOLA

Em setembro de 1984, Lilian Zaremba estava à frente da divisão de música do RioArte (órgão de fomento à cultura da prefeitura do Rio de Janeiro) e percebeu que existia uma dotação de verba destinada por lei para a realização de um Festival de Choro. Com a verba disponível, Lilian montou o Projeto Música 84, que teve três subdivisões:

— Oficina de Choro, contando com os professores Luiz Otávio Braga (violão), Afonso Machado (bandolim), José Maria Braga (flauta) e Henrique Cazes (cavaquinho);

— Orquestra Oficina, dirigida por Roberto Gnattali;

— Oficina de Canto Coral, comandada por Marcos Leite.

Para montar a oficina de Choro, como não havia material apropriado, Luiz, Afonso e eu escrevemos uma apostila que contava com dezenas de Choros (melodia e cifra) e ainda uma introdução à história do gênero, organizada por Braga.

As inscrições foram abertas e as aulas aconteceriam nos fins de semana de dezembro nas instalações da UNIRIO, na Praia Vermelha, das oito da manhã às cinco da tarde. Para os alunos da Orquestra, haveria uma bolsa de valor simbólico, o que certamente ajudaria a garantir o quórum mínimo e o equilíbrio de naipes. Para a Oficina de Choro, tudo o que havia era uma interrogação. Que tipo de músicos apareceriam? Seriam os chorões mais velhos ou estudantes de música que tinham curiosidade em aprender a linguagem chorística?

Para a nossa alegria e surpresa, no primeiro dia de aula tínhamos uns sessenta violões, vinte e poucos cavaquinhos, trinta e tantas flautas e uns dez bandolins. Os alunos vinham de toda parte, do Leblon a São Gonçalo, e traziam as mais diferentes experiências pessoais e profissionais.

Na parte da manhã, trabalhávamos a parte de técnica e o repertório da apostila cada um com sua turma. À tarde havia a prática de conjunto, em que, além de formações usuais de regional, atuavam quartetos de flauta, quartetos de bandolins e uma orquestra de violões. A empolgação dos alunos era tão grande que, depois das cinco da tarde, grupos ainda tocavam sob as árvores até serem convidados a se retirar pelos funcionários da Universidade.

No final do curso, em vésperas do Natal, foram realizados dois concertos. Um ao ar livre, na praça Quinze, e outro no Circo Voador, num dos raros momentos em que o Choro foi ouvido sob a lona da Lapa.

A experiência dessa primeira Oficina marcou profundamente alunos e professores. Os resultados foram relevantes e rápidos, pois o conhecimento travado durante o curso fez com que surgissem grupos de diferentes finalidades. Amadores conheceram outros amadores que queriam simplesmente se divertir tocando. Já profissionais e futuros profissionais conheceram ali parceiros de trabalho.

Pouco tempo depois, o Choro foi aceito pela primeira vez em um curso de caráter nacional. Foi no I Seminário Brasileiro de Música Instrumental, em 1986, e, apesar de ainda estarmos sob a moda do *fusion* e o ensino de música popular ainda ser praticamente sinônimo de jazz, o Choro saiu fortalecido do evento.

* * *

Em 1980, quando esteve em Curitiba para inaugurar a praça Jacob do Bandolim, Joel Nascimento sugeriu ao então prefeito da capital paranaense, Jaime Lerner, a criação de um conservatório de música popular brasileira. O prefeito se entusiasmou de imediato e chegou a mostrar alguns prédios históricos, que a prefeitura pretendia recuperar, como possíveis locais para o tal conservatório. A ideia passou por alguns descaminhos e só muitos anos mais tarde, em outro mandato, Lerner procurou o maestro Roberto Gnattali e propôs a criação do Conservatório de Música Popular Brasileira.

Terminado o mandato de Lerner na prefeitura, seu sucessor, Rafael Grecca, inaugurou em outubro de 1993 o Conservatório de Música Popular Brasileira de Curitiba, uma iniciativa pioneira e que deveria ser seguida por cidades de médio ou grande porte do Brasil. Dentro do conservatório, Roberto tratou imediatamente de oferecer as cadeiras relacionadas aos instrumentos do Choro e dar a esse tipo de música um espaço efetivo. Com o crescimento da oficina de música anual, passaram a ser oferecidos cursos de cavaquinho e bandolim, além de *workshops* de chorões conhecidos que despertaram o maior interesse desde 1995.

Paralelamente, Roberto remontou a Orquestra de Música Brasileira, agora com o nome de Orquestra do Conservatório de MPB. Após a adesão de Curitiba aos cursos dos instrumentos de Choro, começaram a surgir em outros eventos a intenção de oferecê-los, como o Festival de Inverno de Londrina, tradicionalmente ligado à música erudita, que a partir de 1996 passou a programar aulas de violão de sete cordas, cavaquinho etc., e uma prática de conjunto específica de Choro.

O Curso de Verão de Brasília, a partir de 1997, também aderiu ao Choro, bem como o recém-criado Festival de Música de Câmera de Maringá. Em suma, houve uma grande abertura de espaço.

* * *

A criação de metodologia para o aprendizado dos instrumentos do Choro tem facilitado o trânsito de conhecimento e contribuído para uma melhoria técnica dos instrumentistas que se iniciam na linguagem.

O primeiro livro relacionado a esta intenção foi o *Método do bandolim brasileiro*, de Afonso Machado. Este livro adapta o ensino do bandolim às necessidades do bandolinista brasileiro e já ajudou no desenvolvimento de uma geração. Pouco depois foi a vez do *Método do violão brasileiro*, de Luiz Otávio Braga, que embora não tenha o Choro como objetivo específico, trabalha diversos aspectos importantes para se formar um chorão.

Em junho de 1988, lancei pela Lumiar Editora o *Escola Moderna do Cavaquinho*, que pode ser considerado o primeiro método mais aprofundado do instrumento. Para minha surpresa e também da editora, o livro está completando dezessete anos com pleno fôlego e já chegando à 8ª edição. Mesmo para os mais otimistas, é um resultado surpreendente.

Dois lançamentos recentes que enriqueceram este tipo de bibliografia foram o *Vocabulário do Choro*, de autoria do saxofonista e flautista Mário Seve, e o método *Violão de sete cordas*, de Luiz Otávio Braga.

Outros trabalhos têm levado o Choro ao âmbito das universidades. São teses de mestrado abordando temas relacionados à cultura chorística. Na pesquisa deste livro, consultei algumas dessas teses, como a de Andrea Ernest Dias sobre os flautistas populares brasileiros, a de Marcia Taborda sobre o Dino Sete Cordas e a de José Paulo Becker sobre o acompanhamento de violão de seis cordas no conjunto Época de Ouro. Muitos outros trabalhos já foram concluídos ou estão em andamento e, pelo tanto que há para ser estudado, o Choro ainda vai ser objeto de muitos trabalhos acadêmicos.

* * *

Oficinas e livros, o Choro vai à escola

Quem tomou conhecimento pela imprensa do surgimento, em meados dos anos 1990, de uma escola de Choro em Brasília, certamente não imagina quantas etapas penosas se passaram até que esse sonho virasse realidade. Para se ter uma ideia, a história começa em 1976, quando Moraes Moreira e Armandinho exibiam-se no Instituto Cultural Brasil/Alemanha. Na plateia, havia um rapaz que tocava guitarra numa banda de rock chamada Carência Afetiva e era conhecido como Jimmy Reco.

Tratava-se do futuro jornalista Henrique Lima Santos Filho, que mais tarde seria o Reco do Bandolim. Ao ouvir "Noites cariocas" solado por Armandinho, Reco foi acometido de paixão aguda e imediata. Era como se algo dentro dele tivesse sido despertado por encanto.

Da paixão para a ação, arranjou um bandolim emprestado e foi procurar uma escola onde pudesse aprender a tocar Choro. Foi uma ducha de água fria. Nada de Choro, nada de bandolim, nada de Jacob ou Pixinguinha nas escolas. O jeito foi arranjar uns LPs emprestados e tirar de ouvido aquela música apaixonante. Algum tempo depois, já como Reco do Bandolim e com o grupo Choro Livre, o músico tornou-se um ativista da causa, o que o levou naturalmente à presidência do Clube do Choro de Brasília.

Por essa época, lembrou-se das dificuldades que passara no aprendizado e constatou que, quase vinte anos depois, o Choro continuava fora das escolas. Procurou o seu irmão Carlos Henrique e o também jornalista Ruy Fabiano (irmão de Raphael Rabello) e escreveram o projeto de uma Escola de Choro. Para dar mais peso e ajudar a atrair apoios, pediram a Raphael que o nome dele também estivesse no projeto. Era o momento que Rabello estava com grandes espaços na mídia e o violonista concordou mesmo sem ler.

O projeto da Escola foi questionado no Ministério da Cultura, mas, depois de vários esclarecimentos, aprovado. Nesse meio-tempo, Raphael morreu e, como homenagem, o nome do projeto passou a ser Escola Brasileira de Choro Raphael Rabello.

Além de aulas específicas de violão, violão de sete cordas, cavaquinho, bandolim, flauta, saxofone e pandeiro, a escola oferece aulas de teoria musical (incluindo solfejo) e prática de conjunto (roda de Choro). A parte de percepção musical utiliza as composições de Jacob para os alunos de bandolim, de Waldir Azevedo para os alunos de cavaquinho, de Pixinguinha para os alunos de flauta, e assim por diante.

A Escola tem alunos de dez até oitenta anos de idade e já formou vários grupos que estão ajudando a atender à demanda por Choro na capital federal. Recentemente, o arquiteto Oscar Niemeyer entregou a Reco o projeto da sede da escola, que vai ser construída no eixo monumental. O sonho aos poucos vai se tornando uma realidade promissora.

* * *

A assimilação da linguagem chorística, a meu ver, não pode nem deve cair na burocratização que a metodologia berkleeana fez com o jazz. Lá, hoje em dia, boa parte dos músicos improvisa igual e é cada vez mais rara a aparição de instrumentistas realmente originais. Muitas jazzistas de brilho voltaram seu interesse para a música de New Orleans e a era do *swing*, como para recuperar o sabor que a esterilização do *fusion* lhes roubou.

Com o Choro, é melhor não codificar demais, deixando o improviso por conta de quem tenha talento para esta especialidade. Na minha opinião, cabe a nós, que trabalhamos na área didática do Choro, preparar os instrumentistas, fornecer material e incentivar os jovens chorões a descobrir por si próprios os caminhos variados desta riquíssima linguagem musical.

Orquestra de Cordas Brasileiras. Em pé: Omar Cavalheiro, Alexandre de la Peña, Fábio Nin, Jayme Vignoli, Marcus Ferrer, Paulo Sá, Afonso Machado e Beto Cazes. Sentados: André "Boxexa", Luís Flávio Alcofra, Josimar Carneiro e Bartolomeu Wiese. No chão: o autor e Marcílio Lopes.

A Orquestra de Música Brasileira dirigida por Roberto Gnattali (de cocar) abrigou cavaquinho, bandolim e sete cordas em sua formação.

28.
NOVAS EXPERIÊNCIAS, OUTROS FORMATOS

No começo do ano de 1987, uma nova oficina de Choro movimentou as salas da Escola Brasileira de Música na Lapa, Rio de Janeiro. Essa oficina era a primeira que não tinha o patrocínio oficial, mas, mesmo sendo paga, atraiu bom número de participantes. No final, uma apresentação ao ar livre nos jardins do Museu Villa-Lobos marcou o encerramento de mais um encontro em que os conhecimentos relacionados ao Choro foram difundidos.

Um grupo de alunos mais adiantados e que já haviam frequentado as oficinas anteriores procurou a mim e a Afonso Machado, que foi o professor de bandolim, para que, de alguma forma, pudéssemos prosseguir com aquele trabalho.

Foi assim que, numa mesa de bar, quando se comemorava o encerramento da oficina, sugeri uma formação que considerava ideal para uma orquestra, a princípio uma orquestra de Choro: quatro bandolins, dois cavaquinhos, duas violas caipira, dois violões, um violão de sete cordas, contrabaixo acústico e dois percussionistas.

Essa formação ganhou mais tarde o nome de Orquestra de Cordas Brasileiras e começou a ser ensaiada em fins de março do mesmo ano. A estreia ocorreu em novembro e, em seu primeiro programa, a OCB trouxe uma mistura já testada anteriormente por Radamés no início da Camerata: música barroca, no caso *Concerto Brandemburguês nº 3 em sol maior*, de J. S. Bach, e uma seleção dos grandes compositores de Choro como Jacob do Bandolim e Ernesto Nazareth, entre outros.

Durante os anos que se seguiram, a Orquestra manteve se tocando, sempre de forma independente, nunca foi patrocinada ou apoiada por empresa privada ou por instituição governamental. Em 1989, gravou um disco, que, lançado em 1990, ganhou no ano seguinte dois prêmios Sharp na categoria instrumental: melhor disco e melhor grupo.

Esses dois prêmios foram o reconhecimento por um trabalho inteiramente novo, que, começando do zero, partindo da criação de arranjos específicos, da experiência de formação e aperfeiçoamento dos músicos, chegou finalmente a um resultado concreto.

Nos anos seguintes, a Orquestra de Cordas Brasileiras participou dos premiados CDs *Retratos*, ao lado de Chiquinho do Acordeom e Raphael Rabello, e do *Piazzollando com sotaque brasileiro*, um disco em que músicos brasileiros davam a sua versão da obra do grande compositor do tango moderno.

Antes de completar dez anos de luta e com dificuldades cada vez maiores de se manter, a Orquestra de Cordas Brasileiras paralisou suas atividades em agosto de 1996. Três anos depois, com a gravação do CD *Bach in Brazil* para o selo EMI Classics de Londres, surgiu a Camerata Brasil, um octeto de cordas e percussão. Mais enxuta e com nível técnico mais homogêneo, a Camerata Brasil é uma consequência apurada da OCB.

* * *

Em 1978, surgiu um grupo que, começando com uma formação instrumental bem tradicional, acabaria por experimentar sonoridade e linguagem totalmente diferentes do usual no Choro. Esse grupo, chamado Nó em Pingo D'Água, teve esse curioso nome dado por um boêmio que, ao ver aquele agrupamento de jovens músicos ensaiando tão aplicadamente, afirmou: "Vocês vão ter que tocar até dar nó em pingo d'água e tirar minhoca do asfalto".

O Nó passou por dezenas de formações, a princípio tendo flauta e bandolim como solistas, um violão de sete e um de seis, cavaquinho e percussão. Nessa fase, o grupo seguiu os passos da Camerata Carioca, no sentido de tocar arranjos bem elaborados e com a valorização da dinâmica e alternância de solos. Depois de ter participado do disco em homenagem a João Pernambuco ao lado do pianista Antônio Adolfo e de gravar o disco *Salvador*, que ganhou o Prêmio Sharp de melhor grupo instrumental em 1988, o Nó passou por uma reforma de instrumentação. A entrada do contrabaixo elétrico, aliada à saída do sete cordas e do cavaquinho, a utilização do violão de aço e da guitarra elétrica em alternância com o bandolim e um maior peso na percussão deram ao grupo uma sonoridade totalmente original. Com isso, o Nó começou a desenvolver um outro tipo de abordagem, trazendo uma novidade sensível para o formato chorístico, que foi a utilização de *grooves*, ou seja, as levadas sobre as quais se apresenta um tema, num tipo de arranjo que é oriundo da música pop.

O Nó, alguns anos depois, gravou um disco chamado *Receita de Samba*, em que fazem uma releitura bastante aberta da obra do Jacob do Bandolim. Esse disco, que conta com texto de apresentação escrito por Paulinho da Viola, é um dos álbuns mais polêmicos da história recente do Choro. Tem defensores fervorosos e encontra por parte dos conservadores uma enorme resistência. Essa discussão tem sido muito positiva, sobretudo para levar ao plano da discussão estética aquilo que passou anos sendo apenas uma fofoquinha nos bastidores do Choro.

Hoje integrado por apenas dois de seus fundadores, o flautista e saxofonista Mário Seve e o percussionista Celsinho, o Nó se completa com Rodrigo Lessa (bandolim, violão, guitarra), Papito (contrabaixo e violão baixo) e Rogério Souza no violão. Recentemente o grupo atuou com sucesso junto a Ivan Lins, Guinga e Leila Pinheiro.

* * *

Em maio de 1986, chegou ao fim a trajetória de um dos mais originais e aprofundados trabalhos instrumentais da música brasileira, a Camerata Carioca. Na verdade, foi apenas o fim de uma agonia que se iniciou quase um ano antes numa briga em Tóquio, motivada, para variar, por dinheiro.

Cerca de um ano depois da dissolução do grupo, Joel Nascimento foi convidado a apresentar seu trabalho num dos mais conceituados festivais dos EUA, o Santa Fe Chamber Music Festival, no Novo México. Para compor o grupo que iria viajar, Joel lançou mão da base da Camerata: Luiz Otávio, Maurício Carrilho, eu e o Beto. A esses se somaram o clarinete e sax-soprano do versátil Paulo Sérgio Santos e mais o sabor nordestino do violão e da viola caipira de João Lyra.

A primeira viagem incluiu concertos memoráveis como o da série *Summer Stage*, na concha acústica do Central Park, em Nova York, e no anfiteatro ao ar livre no Jardim Botânico de Denver, no Colorado, ambos com público na faixa dos 5 mil espectadores. O Concerto na UCLA, em Los Angeles, foi transmitido costa a costa pela National Public Radio, e em todos os lugares por onde passamos a receptividade foi excelente.

Dois anos depois, Joel Nascimento e o Sexteto Brasileiro voltaram aos EUA para uma nova turnê, já com um repertório próprio (não mais reproduzindo arranjos da Camerata), e novamente colhemos êxitos na costa oeste e no meio-oeste daquele país.

Em 1997, foi lançado pela Kuarup o CD *Joel Nascimento & Sexteto Brasileiro — Ao vivo nos Estados Unidos*, que reúne gravações ao vivo realizadas em Santa Fé e Seattle. Trata-se de uma pequena amostra de um dos mais dignos esforços de divulgação da música brasileira no exterior, feito, para variar, sem nenhum apoio oficial.

* * *

Sempre tive um fascínio especial pelos arranjos de Pixinguinha. Tanto no repertório carnavalesco quanto no Choro. Sempre adorei a forma solta, relaxada, suingada, vibrante e alegre com que Pixinguinha vestiu o que orquestrou. Esse fascínio me custou pelo menos um problema no contato com meu professor de música. Ele não gostava do estilo e queria me ensinar arranjo dentro dos moldes berkleeanos, que em nada se assemelham ao estilo do Mestre do Choro. Insatisfeito, mudei de professor e, também não encontrando incentivo, resolvi por conta própria procurar arranjos de Pixinguinha, para estudá-los e com isso compreender e assimilar o estilo.

Após perguntar a pessoas que haviam sido próximas do Mestre e nada conseguir de concreto, fui procurar no Arquivo de Música da Biblioteca Nacional. Lá encontrei diversos arranjos para a que era chamada de "orquestra de salão": violino, dois trompetes, dois sax-altos, um sax-tenor, trombone e baixo. Não havia indicação de base, mas sim um piano condutor. Os arranjos faziam parte de uma coleção intitulada *Brasília Orquestra*, na qual estavam incluídos outros autores e outros arranjadores também.

Tirei xerox do material e fui para casa estudar, ver como era na pauta aquilo que eu já conhecia tanto de ouvido. Empolgado com os arranjos, comecei a pensar na possibilidade de tirar aquilo do papel. Mostrei a ideia a Mário de Aratanha, dono da Kuarup Discos, e ele achou possível viabilizá-la como um disco de brinde. O projeto foi feito e apresentado no princípio de 1988, mas a aprovação concreta só veio nos primeiros dias de novembro, de forma que somente no dia 14 desse mês começamos a gravar um disco que era brinde de Natal.

Para formar a banda, chamei a turma da velha guarda que estava em forma: Formiga e Hamilton nos trompetes, Netinho, Macaé e Biju nos sax, Ed Maciel no trombone. Para a base e a flauta, foi a vez dos novos: Andrea Ernest Dias, Beto, Oscar Bolão, eu e mais o violão de Paulão e a tuba de Matusalém de Oliveira. O disco gravado em tempo recorde fez surgir a hoje chamada Orquestra Pixinguinha, um trabalho do qual tenho profundo orgulho.

* * *

Por estes e por vários outros exemplos, penso que os traços mais marcantes no Choro dos anos 1990 foram: a diversificação de formatos e o crescimento da produção fonográfica alternativa.

A diversificação fez com que voltassem a aparecer tercetos, tão comuns nas duas primeiras décadas do século XX. Exemplo consagrado é o Trio Madeira Brasil. Duos dos mais variados se apresentam tocando Choro e instrumentos pouco usuais no gênero, como a harpa, começam a aparecer em novos trabalhos. Resumindo, é tempo de abertura, depois de décadas de prisão ao formato regional.

Mesmo que em menor escala, ainda hoje surgem grupos com a instrumentação do regional, destacando-se entre eles o Água de Moringa. O grupo carioca tem como suas principais características a sofisticação dos arranjos e a mistura de Choro, MPB e os contemporâneos brasileiros. Destaca-se entre seus componentes o excelente bandolinista Marcílio Lopes, e, entre seus trabalhos, o delicioso CD *Inéditos de Pixinguinha*.

A experiência com novos formatos e a produção independente, juntamente com o desenvolvimento do aspecto didático, são três contribuições importantes da geração de chorões surgida nos anos 1970. A opção de ser exclusivamente músico, não mantendo profissão paralela, fez com se buscassem várias possibilidades de entrada no mercado de trabalho, enriquecendo definitivamente o Choro.

O bandolinista venezuelano Cristóbal Sotto tem tocado Jacob, Pixinguinha e Gnattali em vários continentes.

29.
CHORO POR TODA PARTE

Um fenômeno muito recente no Choro é o surgimento de trabalhos feitos por músicos estrangeiros a partir da musicalidade chorística. Quando a Camerata Carioca esteve no Japão, em 1985, fomos surpreendidos pela existência de músicos que tocavam e estudavam música brasileira. Assim, foi de lá, de um continente tão distante, que recebemos um trabalho realizado a partir do Choro e sugestivamente intitulado Choro Club.

Formado pelo bandolinista Oh Akioka, pelo violonista Shigeraru Sasago e pelo contrabaixista Jyoji Sawada, o Choro Club faz uma fusão da linguagem chorística com as tendências contemplativas da música oriental, resultando daí uma espécie de "Choro Zen". Com um repertório que mistura clássicos de Nazareth e Jacob e composições próprias, o Choro Club se firmou e hoje, já com meia dúzia de CDs lançados, ajuda concretamente a difundir o sotaque chorístico no Japão.

Dos EUA vem o trabalho do bandolinista Mike Marshall, membro do Modern Mandolin Quartet. Após experimentar o estilo com o quarteto, que gravou "Assanhado", de Jacob do Bandolim, Marshall realizou, com a ajuda do pianista brasileiro Jovino Santos Neto e de outros músicos norte-americanos, o CD *Brasil Duets*, em que desenvolve uma maneira de tocar Choro com sotaque americano, que ele apelidou de "brazilian bebop".

Outro americano, o pianista David Chesky, lançou um disco em duo com o violonista brasileiro Romero Lumambo de nome *Chorinhos de Nova York*, em que cada faixa é associada a um ponto turístico de Manhattan. Da mesma cidade vem o trabalho do pianista, arranjador e produtor Cliff Korman. Ele se apaixonou pelo Choro quando esteve no Brasil, fazendo um estudo comparativo entre os procedimentos de improviso jazzístico e chorístico.

Na Venezuela, país que tem grande tradição de bandolim, lá chamado "mandolina", o notável grupo Ensemble Gurufio inclui em seu repertório peças de Pixinguinha e Jacob do Bandolim, enquanto seu bandolinista, Cristóbal Sotto, tem executado em vários lugares a *Suíte Retratos* e o repertório de Jacob. A valsa "Voo da mosca", de Jacob, penso que por se assemelhar às valsas venezuelanas, é bastante conhecida, sendo uma espécie de demonstração de virtuosismo para os músicos de lá também.

Mas é na Alemanha que vamos encontrar a combinação mais improvável: um violonista egípcio, Ahmed El-Salamouny, tem o Choro como ponto principal de seu trabalho. Tocando com músicos brasileiros, Ahmed tem percorrido a Europa mostrando o violão popular do Brasil, desde os pioneiros até contemporâneos como Marco Pereira e Paulo Bellinati.

Todas essas histórias apontam para uma crescente descoberta do Choro que, se por enquanto não produziu nenhum trabalho genial, tem servido para abrir caminho para que essa música seja conhecida nos quatro cantos do mundo.

* * *

Quando menos se espera, a musicalidade chorística aparece reciclada e revigorada, nos mais diferentes formatos. Um caso exemplar é o do genial compositor Guinga, destaque absoluto de originalidade da MPB dos anos 1990.

Carioca nascido em Madureira, em 1950, Carlos Althier de Souza Lemos Escobar passou a infância entre Jacarepaguá e o subúrbio de Vila Valqueire. Aos onze anos descobriu a bossa nova e suas harmonias. Aos dezessete, no mesmo festival que revelou Milton Nascimento e sua "Travessia", Guinga já figurava entre os classificados. Seguiram-se outros festivais, até que, em 1971, houve um encontro com Paulo César Pinheiro, seu primeiro parceiro de maior constância.

O trabalho com Pinheiro foi lançado pelo MPB-4 e mais tarde por Elis Regina. Coube, no entanto, a Joel Nascimento realizar a primeira gravação instrumental de um tema de Guinga. Joel e Guinga se conheciam havia algum tempo e trabalharam juntos no show *Vem quem tem, vem quem não tem*, com Cartola, João Nogueira e Roberto Nascimento, entre outros. Daí, quando Joel foi gravar seu primeiro LP, incluiu a belíssima "Valsa do realejo" no repertório.

No final da década de 1970, Guinga começou a mudar seu estilo de compor, tornando-se mais rítmico e deixando sua fixação pela modinha um pouco de lado. Um marco dessa mudança é "Saci", gravada muitos anos depois no CD *Delírio carioca*.

Em 1988, através do amigo comum Raphael Rabello, Guinga começou a compor com Aldir Blanc, e aí sua experiência com o Choro foi muito bem-sucedida. Algumas músicas, como "Choro pro Zé", "Destino Bocaiuva", "Catavento e girassol" e "Cheio de dedos", têm ajudado a rejuvenescer o trabalho dos grupos de Choro.

Numa parceria em que um diz mata e o outro diz esfola, Guinga e Aldir se completam em peripécias de letra e música, abrindo um novo horizonte para a polêmica opção de cantar o Choro.

Admirado por dez entre dez estrelas da MPB, Guinga compõe cada vez mais e até diminuiu o horário de atendimento em seu consultório dentário. Recentemente, ao ser perguntado se deixaria o consultório de lado para se dedicar integralmente à música, respondeu sem pestanejar:

— Quem vive de sonho é o filho do padeiro.

* * *

Só quem atravessou os anos 1980 lutando para abrir caminhos para o Choro pode testemunhar a situação incômoda que existia. Por um lado, o rock dominava o circuito comercial, e por outro, dentro dos limites da chamada "música instrumental", o chique era tocar *fusion*, estudar em Boston e menosprezar a música brasileira mais tradicional.

Para se ter uma ideia do clima pouco favorável ao Choro, um jovem trombonista e arranjador declarou em alto e bom som numa mesa de professores do I Seminário Brasileiro de Música Instrumental, em julho de 1986:

— A coisa que eu mais detesto é um dó maior.

Dito isto, passou a enumerar as vantagens da maneira norte-americana de harmonizar e orquestrar música popular. O pior é que na mesa a única voz a se manifestar contra fui eu. A maré não estava mesmo pra peixe.

A Camerata sofreu muito com isso, e episódios como o cancelamento sem aviso prévio de uma apresentação do grupo no Jazzmania (por sinal, o templo do *fusion*) para que o trompetista italiano Enrico Rava, que estava de férias no Rio, pudesse se apresentar não foram casos isolados.

Curiosamente, com o declínio do *fusion*, vários músicos deram uma guinada em direção ao Choro. Por outro lado, quem cantava foi se aproximando do samba. Os músicos eruditos, por sua vez, também "perderam o medo" e seguiram passos como os de Paulo Sérgio Santos em direção ao Choro.

Tudo seria lindo se o aprendizado chorístico fosse mais simples e tivesse suas informações mais codificadas. Às vezes, no afã de pegar o bonde do Choro, tem gente esquecendo aquele princípio básico ensinado por Pixinguinha: em Choro nunca se toca como está escrito.

* * *

Neste maio de 1998, quando termino este livro, olho em volta e vejo grandes notícias para o Choro. O mais entusiasmante é a qualidade dos músicos novos. Gente como os irmãos Hamilton e Fernando César Holanda, de Brasília, que ficaram conhecidos como meninos prodígios com o nome de "Dois de Ouro". Hamilton e César são exemplos de excelentes músicos, atentos à pesquisa, ativos como produtores e sem medo de experimentar. Tudo isso sem perder a paixão pela roda de Choro, o botequim etc. Com o bandolim na mão, Hamilton resume Luperce, Jacob, Joel e Armandinho, sem nunca deixar de ser ele mesmo.

Outro prodígio do bandolim que está colocando as manguinhas de fora é Bruno Rian, filho de Déo. Herdeiro da excelente técnica de execução do pai, Bruno é mais atirado e tem surpreendido pela sua rápida evolução.

No violão também temos tido ótimas surpresas, como o primeiro sete cordas pós-Raphael Rabello, o carioca Marcello Gonçalves. Estudioso como os demais chorões de sua geração, Marcello se destaca pela execução e pela capacidade de assimilar conhecimentos de professores tão diferentes quanto Turíbio, Marco Pereira e Dino Sete Cordas.

Nos sopros, o Choro tem se enriquecido de músicos de larga experiência acadêmica, como os flautistas Antônio Carlos Carrasqueira e Andrea Ernest Dias. Mas a linhagem popular da flauta também tem tido continuidade com Dirceu Leitte e mais recentemente, vindo de Niterói, Alexandre Romanazzi, conhecido na roda como "Maionese da Flauta". Outro que tem se destacado é Leonardo Miranda, que, além de ótimo flautista, é um pesquisador dedicado. Especialista na obra de Callado, sobre a qual gravou um CD e várias obras avulsas, Leonardo conseguiu adquirir e restaurar uma flauta de ébano da mesma marca e época da que era usada pelo primeiro chorão.

Em matéria de composição, um destaque tem sido o pianista Leandro Braga. Paulista de São José dos Campos, médico e piloto de avião, Leandro compõe com a mesma facilidade com que toca. O violonista Zé Paulo Becker é outro que tem ajudado a enriquecer o repertório chorístico com boas composições.

Hamilton de Holanda injetou energia nova no Choro.

Filmagem de uma roda de Choro aos pés da igreja da Penha, em 2004, para o documentário *Brasileirinho*, de Mika Kaurismaki.

E por falar em arranjador, no trabalho que realiza há mais de duas décadas com produções de samba, o maestro e excelente gaitista Rildo Hora tem reservado um espaço para a musicalidade chorística, através de introduções e comentários que pontuam seus arranjos, sem tirar a força dos sambas. Trabalhando com naipes originais que reúnem cavaquinho, viola caipira, sopros e teclados, nas mais diversas combinações, Rildo caracterizou seus arranjos de forma marcante, em trabalhos como os de Martinho da Vila, Zeca Pagodinho e o Grupo Fundo de Quintal.

* * *

Ao finalizar a atualização do livro para esta 3ª edição, em fevereiro de 2005, fico contente em ver que os nomes que anunciei como promessas, há sete anos, se tornaram lideranças importantes no Choro e estão alargando cada vez mais sua faixa de mercado e de público.

Hamilton de Holanda é hoje um nome consagrado na Europa e Marcello Gonçalves foi o diretor musical do filme *Brasileirinho*, documentário dirigido pelo finlandês Mika Kaurismaki e que acaba de estrear no Festival de Berlim.

A vinda de Hamilton de Holanda para o Rio trouxe a reboque uma geração de brilhantes músicos brasilienses, como o gaitista Gabriel Grossi e o violonista Daniel Santiago. Mais novo ainda é o goiano Rogério Caetano, que estudou em Brasília e promete ser um capítulo adiante na história do violão de sete cordas.

Da França para a Lapa, o violinista Nicolas Krassik abraçou o Choro e colocou esse instrumento, historicamente ligado ao assunto, novamente no circuito. Em pouco tempo, a badalação em torno de Nicolas e seu violino cheio de bossa e improviso despertou a vontade de tocar Choro em outros jovens violinistas.

Surgiram novos grupos com propostas as mais diversas, desde simplesmente tocar como um regional de verdade — o jovialíssimo Regional Carioca —, como temperar o regional com um pouco de malandragem pop — o Abraçando Jacaré.

Dos grupos dessa geração, o que obteve maior destaque até agora foi, sem dúvida, o Tira Poeira, em que se destacam o saxofonista Samuel de Oliveira, o bandolinista gaúcho Henry Lentino e violonista Caio Márcio. O grupo tem uma proposta ousada: investir na fragmentação da levada. O resultado tem dividido opiniões.

Outro que gera muita polêmica é o violonista gaúcho Yamandú Costa. Dono de um virtuosismo estontenate, manifestado ainda na infância,

Yamandú teve sua formação musical ligada à música dos pampas. Ao vir morar no Rio de Janeiro, em torno do ano 2000, passou de namoro a uma tórrida paixão pelo Choro. Misturando estilos, às vezes exagerando nas manobras vistuosísticas, Yamandú confunde os ouvintes e enfurece os conservadores.

* * *

As oficinas têm se multiplicado e a Escola de Choro em Brasília é uma realidade. As editoras acordaram e voltaram a editar partituras, quase sempre com um melhor acabamento gráfico, em função da popularização da escrita musical em computador. Almir Chediak, o mais bem-sucedido editor de partituras da música brasileira, antes de morrer tragicamente em 2003, já trabalhava no *Songbook* do Choro.

Fora do país, o Choro começa a marcar presença em festivais e, paulatinamente, tocar no exterior começa a ser rotina para os chorões.

Por tudo isso, acho que este é um grande momento para, com um mínimo de apoio oficial, tirar do gueto esta porção mais chique da alma brasileira e tornar o Choro uma atração tão associada ao Brasil quanto o Corcovado, o Pão de Açúcar e o Carnaval. Algo como o que acontece com o jazz em New Orleans. Será que eu estou sonhando?

30.
DISCOGRAFIA SELECIONADA DO CHORO NAS PLATAFORMAS DIGITAIS

Dentro de um universo tão amplo e variado, escolher os dez ou vinte títulos mais representativos é sem dúvida tarefa difícil. Mais ainda quando não posso incluir títulos que são unanimidades, como *Vibrações*, de Jacob do Bandolim (1967), pois este não se encontra disponível no formato original nas plataformas digitais de hoje (2021). De todo modo, adaptei aqui a escolha feita na edição original de 1998 deste livro e que contou com a colaboração de *experts* como Sérgio Cabral, Jairo Severiano, J. C. Botezelli, Mário de Aratanha, Ilmar Carvalho e Luís Nassif, incluindo apenas títulos disponíveis. Depois, apresento uma listagem de trabalhos de que participei como solista, integrante de grupo, produtor etc. O título, a data e o selo aqui citados são os que constam no lançamento digital.

Caixa Jacob do Bandolim (BMG, 2000)
Caixa com três CDs lançada pela BMG em 2000. A seleção de 56 faixas traça um abrangente painel da obra de Jacob. As masterizações são muito caprichadas, e é uma pena que o libreto que incluía a discografia de Jacob por Sérgio Prata, o texto biográfico de João Máximo e as notas sobre repertório deste que vos escreve, não esteja disponível, ainda, via plataforma.

Pixinguinha 100 anos vols. 1 e 2 (BMG, 1997)
Coletânea trazendo uma abrangente varredura da discografia de Pixinguinha, desde as gravações dos Oito Batutas em Buenos Aires em 1923 até registros com orquestra em 1959. O material foi muito bem remasterizado, revelando detalhes das gravações de época.

Choros imortais vols. 1 e 2, Altamiro Carrilho (EMI, 2003)
Os melhores discos de Altamiro, realizados no começo da década de 1960, aparecem em diferentes versões. O vol. 2 como um álbum sepa-

rado e o vol. 1 numa versão "2 em 1", junto com o LP *Rio antigo*, da Bandinha de Altamiro. Acima de tudo, valem muito pelo repertório, o desempenho magistral do solista e o acompanhamento do Regional do Canhoto.

Chorando de verdade, Joel Nascimento (Kuarup, 2013)
Gravado em 1987 para lançamento no Japão, o CD só saiu no Brasil oito anos depois. Trata-se do disco mais à vontade da carreira de Joel Nascimento, que toca como se estivesse numa roda de Choro. Contando com o auxílio de músicos com quem sempre tocou, como Raphael Rabello, Maurício Carrilho e Luiz Otávio Braga, Joel está aqui realmente "em casa".

Mistura e manda, Paulo Moura (Celluloid, 1988)
Paulo Moura foi o primeiro a romper com a excessiva seriedade herdada da "Era Jacob" e, misturando chorões com ritmistas do bloco Cacique de Ramos, fez este álbum antológico. Destaque para o trombone de Zé da Velha, que brilha nos contrapontos.

Só gafieira, Zé da Velha e Silvério Pontes (Kuarup, 2018)
O primeiro disco da dupla é para ouvir com cerveja e tira-gosto. Zé da Velha, Silvério & Cia levaram o botequim para o estúdio. Uma delícia. Os outros discos disponíveis da dupla (*Tudo dança*, *Ele e eu* e *Só Pixinguinha*) também são ótimos, e ilustram a face mais fluente e popular do Choro.

Receita de samba, Nó em Pingo D'Água (Visom, 2001)
Um exemplo de coragem na experimentação. Apesar da irregularidade de alguns arranjos, é o melhor exemplo da fusão do Choro com a música pop, MPB e o que mais estiver por perto.

Brasil, sax e clarineta, Abel Ferreira (Marcus Pereira/EMI, 1976)
Gravado em meados dos anos 1970, mostra Abel em grande forma. O repertório é de primeira e a remasterização feita para a série "EMI Choro — Grandes Solistas" valorizou o produto.

Trio Madeira Brasil (Independente, 1998)
O disco de estreia do trio formado por Ronaldo do Bandolim, Zé Paulo Becker no violão e Marcello Gonçalves no violão de sete cordas é

uma unanimidade recente. Lançado em 1998, colocou o grupo na linha de frente do Choro.

Dois irmãos, Paulo Moura e Raphael Rabello (Caju/Kuarup, 2020)
Velhos companheiros se reencontram para um sarau informal e extremamente criativo. As fotos de capa e encarte, de Wilton Montenegro, são uma joia à parte.

Segura ele, Paulo Sérgio Santos (Kuarup, 2007)
O premiado disco de estreia do clarinetista virtuose e saxofonista bissexto Paulo Sérgio Santos mistura arranjos intrincados para várias vozes tocadas por ele mesmo, duos com Raphael Rabello e faixas em clima de roda de Choro.

As inéditas de Pixinguinha, Água de Moringa (Sony, 2002)
Embora nem todas as músicas fossem de fato inéditas ao serem gravadas aqui, o disco é um exemplo de mergulho bem-sucedido no universo de Pixinguinha, com ótimos arranjos.

Ventos do Norte, Leo Gandelman (Sax Driver, 2013)
O disco faz um inventário da contribuição dos saxofonistas nordestinos para a consolidação de um estilo brasileiro no instrumento. Autores como Ratinho, Luís Americano, Severino Araújo e K-Ximbinho ganharam versões irresistíveis.

Mundo de Pixinguinha, Hamilton de Holanda e convidados (Crioula Records/Brasilianos, 2013)
O álbum simboliza o crescente interesse pelo Choro no mundo. Os convidados estrangeiros são realmente ilustres: o acordeonista Richard Galliano, o trompetista Wynton Marsalis e os pianistas Chucho Valdés, Stefano Bollani e Mário Laginha.

Jacob do Bandolim 100 anos: sentimento & balanço, Joel Nascimento e Fábio Peron (Selo SESC, 2018)
Dois bandolinistas virtuoses, Joel com mais de 80 anos, Fábio com menos de 30, se unem na paixão pela obra de Jacob em um disco cheio de improvisos.

Apresento a seguir uma listagem dos trabalhos ligados ao Choro de que tenho participado nas últimas quatro décadas e que se encontram nas plataformas digitais neste momento (2021):

Vivaldi & Pixinguinha, Radamés Gnattali e Camerata Carioca (Atração, 2003)

Tocar, Camerata Carioca (Universal, 2001 — Prêmio Playboy de melhor disco instrumental de 1983)

Henrique Cazes (Deckdisc, 2020)

Orquestra Brasília: o maior legado escrito de Pixinguinha (Kuarup, 2007)

Noites cariocas: os maiores do Choro no Municipal, Paulo Moura, Paulinho da Viola e outros (Kuarup, 2013)

Tocando Waldir Azevedo, Henrique Cazes (Deckdisc, 2020)

Radamés Gnattali — Retratos, Chiquinho do Acordeom, Raphael Rabello e Orquestra de Cordas Brasileiras (Kuarup, 2020 — Prêmio Sharp de melhor disco instrumental)

Radamés Gnattali 100 anos, Novo Quinteto (Rob Digital, 2006)

Desde que o Choro é Choro, Henrique Cazes e Família Violão (Kuarup, 2007)

Sempre Pixinguinha 100 anos, Joel Nascimento, Odette Ernest Dias, Chiquinho do Acordeom, Henrique Cazes e outros (Kuarup, 2013)

Sempre Jacob, Déo Rian, Joel Nascimento, Orquestra de Cordas Brasileiras e outros (Kuarup, 2007)

Joel Nascimento & Sexteto Brasileiro: ao vivo nos Estados Unidos (Kuarup, 2013)

Bach in Brazil — Camerata Brasil, Henrique Cazes (EMI Classics, 2000)

Pixinguinha de bolso, Henrique Cazes e Marcello Gonçalves (Deck, 2020)

Beatles'n'Choro 1, 2, 3 e 4, Carlos Malta, Hamilton de Holanda, Henrique Cazes, Marcello Gonçalves, Paulo Sérgio Santos e Rildo Hora (Deck, 2002/2004)

EletroPixinguinha XXI, Fernando Moura, Beto Cazes e Henrique Cazes (Rob Digital, 2002)

Noites cariocas 15 anos depois: a alegria do improviso, Zé da Velha, César Faria, Déo Rian, Silvério Pontes, Paulo Sérgio Santos e outros (Kuarup, 2003)

Tudo é Choro, Henrique Cazes (Deck, 2004)

Vamos acabar com o baile: a música de Garoto por Henrique Cazes e Marcello Gonçalves (Deck, 2007)

Uma história do cavaquinho brasileiro, Henrique Cazes (Deck, 2012)

Brincando com o cavaquinho, Henrique Cazes (Deck, 2015)

Música nova para cavaquinho, Henrique Cazes (Deck, 2019)

POSFÁCIO:
150 ANOS E MUITO FUTURO PELA FRENTE

Ao longo dos dezesseis anos que separam a 3ª desta 5ª edição do livro (a 4ª só trouxe alterações ortográficas), alguns aspectos do estudo e da circulação do Choro sofreram alterações sensíveis. Um primeiro ponto que ganhou importância nos últimos anos foi a inserção acadêmica e o aprofundamento dos conhecimentos sobre Choro dentro das universidades. A tendência, que já tinha sido identificada desde o texto original do livro, de 1998, ganhou espaço, abrangência e profundidade.

O espaço foi aberto em dois flancos: primeiro a criação de cursos superiores de instrumentos como o cavaquinho e o bandolim que, seguindo o caminho que o violão fez na década de 1980, ganharam seus bacharelados pioneiros. Na Escola de Música da UFRJ, o de bandolim começou em 2010 e o de cavaquinho, a partir de 2012. Outras universidades optaram por adotar o estudo destes e de outros instrumentos, como o violão de sete cordas e a percussão popular, na modalidade de especializações para os que cursam licenciatura. De uma forma ou de outra, as portas se abriram para os chorões.

Noutro flanco, o surgimento da modalidade do mestrado profissional em diversas universidades contribuiu significativamente para o avanço dos estudos na área de *performance*, muitos deles envolvendo o Choro e sua instrumentação mais usual. Esse tipo de curso de pós-graduação é mais atrativo para o chorão, pois o trabalho final é um produto artístico ou pedagógico, e não uma dissertação, como no caso do mestrado acadêmico.

Já com relação à questão didática, a transmissão dos conhecimentos relacionados à tradição chorística, antes restritas ao âmbito de oficinas e cursos livres, tem sido colocada em discussão dentro da universidade, e já desponta uma concepção de que o Choro deve ser estudado não apenas para a execução de seu repertório específico, mas como uma base para qualquer trabalho interpretativo, analítico ou composicional na música brasileira. Consequentemente, o próprio conjunto de significados da

palavra "Choro" tem se tornado mais claro e múltiplo. Choro hoje pode significar:
— um acervo de composições;
— um conjunto de características rítmicas e fraseológicas, um estilo;
— um gênero musical que teve sua forma definida por Pixinguinha;
— uma prática musical que combina a memorização de repertório com o improviso.

Por outro lado, o termo "roda de Choro" começa a ganhar autonomia em estudos etnomusicológicos, no campo da etnografia das práticas musicais. Brevemente, estarei lançando o livro *Roda de Choro: 150 anos de uma utopia musical*, que lê a roda de Choro a partir da teoria da dádiva de Marcel Mauss e combina texto com uma seleção de imagens desses encontros musicais, clicadas pela fotógrafa Marília Figueiredo ao longo de 15 anos.

No campo da circulação internacional do Choro, várias iniciativas tem procurado contemplar intenções distintas que vão da conjugação dos aspectos recreativos e didáticos da roda de Choro até a discussão acadêmica nos campos da musicologia e da *performance*. Estão no primeiro caso os Clubes do Choro de Londres, Paris, Lille, Viena, Amsterdã etc. Já no segundo caso, ocorreu em outubro de 2019 na cidade de Reggio Calabria, no sul da Itália, o "Convegno Internazionale di Studi 'Lo Choro Brasiliano': Prospettive Musicologiche e Didattiche tra Repertorio e Prassi Esecutive", sob a direção do maestro Giovanni Guaccero, ele mesmo um ótimo pianista e compositor de Choro.

Outro caminho que fortaleceu a circulação internacional do Choro foi a produção fonográfica realizada em parceria entre músicos brasileiros e estrangeiros. Dois trabalhos de alta qualidade que ilustram este nicho são o já citado CD *Mundo de Pixinguinha*, de Hamilton de Holanda, e o álbum *Outra coisa*, com a clarinetista virtuose Anat Cohen, nascida em Israel e com carreira em Nova York, e o violão de sete cordas de Marcello Gonçalves.

A presença de mulheres instrumentistas, por sinal, tem se ampliado vigorosamente, acompanhando uma tendência que já se verificava no ambiente do samba, e grupos como Choronas e Choro das Três têm se destacado. A obra de compositoras como a paulista Lina Pesce e a pernambucana Tia Amélia (Amélia Brandão Nery) têm sido revisitadas e revalorizadas. Enfim, tudo aponta para um aumento expressivo da presença feminina no Choro.

Um processo aparentemente contraditório, que já se anunciava antes e se confirmou na última década, foi a sensível melhora no preparo técnico dos jovens chorões, em comparação com décadas anteriores. Só que os conjuntos de Choro pioraram, ao invés de refletir essa melhoria técnica. Houve mesmo um processo de desprofissionalização desses grupos, uma desmobilização causada, a meu ver, pelo desequilíbrio entre oferta e demanda e pela sensível queda dos patrocínios culturais, especialmente a partir de 2016. Apesar desse quadro, emergiram da situação dois pontos positivos. Primeiramente, os músicos de maior brilho conquistaram mais cedo sua individualidade, sem passar pela etapa de participar de um grupo ou acompanhar um nome conhecido antes de conquistar autonomia artística. São exemplos dessa precoce individualidade o violonista João Camarero, os bandolinistas Luís Barcelos e Fábio Peron, o acordeonista Bebê Kramer, o pianista Hércules Gomes e os irmãos Aquiles (trompete) e Everson (trombone e oficleide) Moraes. Caracteriza essa geração uma cultura musical mais diversificada, não centrada apenas no Choro e, por isso mesmo, menos conservadora.

Uma segunda consequência positiva desse enfraquecimento grupal no Choro foi um aumento dos encontros informais, para se tocar de forma improvisada, sem necessidade de ensaios. Dentre esses encontros, cabe destacar o coletivo Choro na Rua, liderado pelo trompetista Silvério Pontes. O Choro na Rua nasceu espontaneamente em dezembro de 2016, no lançamento do livro sobre a dupla Zé da Velha e Silvério Pontes, quando uma roda armada na rua, em frente à livraria, causou *frisson* ao vivo e em mais de um milhão de visualizações nas redes sociais. A partir desse evento, o coletivo aglutinou músicos que gostassem de tocar "conversando", ou como diz o decano da roda de Choro, Zé da Velha: "tocar que nem garçom, servindo o outro". Essa experiência de improvisação coletiva faz o Choro fluir e se comunicar, possibilitando um maior alcance em termos de público. O coletivo realizou rodas em vários espaços no Rio de Janeiro e em Niterói, recebeu inúmeros convidados ilustres e só interrompeu sua trajetória de êxito e diversão em março de 2020, com a decretação da pandemia.

Os 150 anos anunciados no título deste posfácio e que destoam da data de 1845, que aponto no livro como início do processo de formação do Choro, tem uma explicação. Depois de ler e reler a vasta bibliografia a respeito, cheguei à conclusão que existe mesmo um consenso histórico de que foi na década de 1870 que surgiu a música dos chorões. Mais do que uma "data redonda", me parece prioritário ressaltar que o Choro é uma música viva, em dinâmica transformação. Que o esforço de conservadores para enquadrar o Choro em um modelo foi sempre diluído na própria fluidez desta musicalidade, sem impedir que a produção desses conservadores fosse apropriada, adaptada e recriada livremente. Com um século e meio de existência, o Choro continua o seu vai e vem entre o "quintal e o Municipal", exercendo o papel tão bem descrito no prefácio de Hermano Vianna à 1ª edição deste livro, o de unir diferentes universos culturais, derrubando barreiras e potencializando criatividade e virtuosismo.

Ao fechar este texto, em fevereiro de 2021, recebo notícias que o Instituto do Patrimônio Histórico e Artístico Nacional (IPHAN) constituiu uma comissão para formalizar a documentação necessária para a obtenção pelo Choro do título de Patrimônio Imaterial do Brasil. E já se fala, numa etapa posterior, da candidatura a Patrimônio Imaterial da Humanidade pela UNESCO. Reconhecido, institucionalizado, estudado, documentado e sempre recriado com liberdade, o Choro tem um grande futuro pela frente.

Henrique Cazes

ÍNDICE ONOMÁSTICO

Abraçando Jacaré, 206
Abreu, Zequinha de, 95, 183
Adauto, 159
Adylia, Dona, 136
Água de Moringa, 199, 211
Águias de Prata, 107
Aimoré (José Alves da Silva), 91, 92, 93
Akioka, Oh, 201
Alcântara, Pedro de, 40
Alcebíades, 168
Alegre, Araújo Porto, 18
Alencar Sete Cordas, 149
Allen, Woody, 93
Almeida, Aracy de, 91, 182, 184
Almeida, Benedito Bueno de, 96
Almeida, Irineu de, 31, 43, 51, 73, 181
Almeida, Israel Bueno de, 96
Almeida, Izaías Bueno de, 96, 98, 172
Almeida, Laurindo, 121, 124
Almirante (Henrique Foreis Domingues), 46, 57, 181
Alves, Adelzon, 170
Alves, Francisco, 37, 67
Alves, Nelson, 43, 54
Amélia, Tia (Amélia Brandão Nery), 77, 216
Americano, Luís, 63, 64, 66, 71, 99, 105, 134, 211
Amigos do Choro, 150, 156, 159, 160, 161
Andrade, Mário de, 35
Andrade, Moacir, 147
André Filho, 79
Animal (Alexandre Gonçalves Pinto), 16, 23, 28, 77, 113, 115

Anjos da Madrugada, 152
Annes, Henrique, 157
Antônio Adolfo, 37, 196
Antônio Augusto, 30
Aragão, Jonas, 95
Aratanha, Mário de, 13, 198, 209
Araújo, Benjamin Silva, 163
Araújo, José Severino de, 119
Araújo, Mozart de 46, 104, 164
Araújo, Severino, 31, 118, 119, 120, 122, 211
Armandinho (Armando Macedo), 160, 172, 192, 204
Armandinho (Armando Neves), 91, 92, 96
Arouca, Moacir, 169
Assad, Duo, 131
Assad, Odair, 126, 130, 178
Assad, Sérgio, 126
Assis, doutor, 136
Assis, Pedro de, 24
Assumpção, Zeca, 142, 144
Avaré, 94
Azevedo, Arthur, 18
Azevedo, Leonel, 68
Azevedo, Naylor (Proveta), 98
Azevedo, Waldir, 67, 80, 102, 103, 104, 106, 107, 108, 109, 110, 111, 137, 149, 151, 167, 183, 212
Babo, Lamartine, 99
Baby Consuelo, 186
Baiana, João da (João Machado Guedes), 72, 76, 77, 78, 79, 80, 139
Baiano, 42
Baker, Josephine, 79

Banda da Casa Edison, 40
Banda da Companhia Confiança de Tecidos, 29
Banda da Guarda Republicana de Paris, 34
Banda de Câmera Anacleto de Medeiros, 30
Banda do Asilo de Meninos Desvalidos, 28
Banda do Corpo de Bombeiros, 26, 28, 29, 30, 31, 36, 39, 40
Bandeira, Luís, 142, 143
Bandinha de Altamiro, 210
Bando da Lua, 93
Barão (Juracy Barreto), 97, 133
Barbosa, Luís, 91
Barboza, Marília, 75
Barcelos, Luís, 217
Barreiros, Eurico, 183, 188
Barros, Josué de, 61
Barros, Pascoal de, 121, 162, 163
Barros, Raul de, 147
Barroso, Ary, 122, 147
Barroso, Juarez, 147, 170
Batina, Irineu, 51
Batista Jr., 93
Batista Siqueira, 45
Batista, João, 37
Batutas, Os, 57, 58, 59, 60, 61, 62, 64, 77
Baziza Cavaquinho, 22
Beatles, The, 163
Becker, José Paulo, 81, 191, 204, 210
Bellinati, Paulo, 98, 202
Bellini, 114
Bens, Agenor, 25, 40
Bergman, Rubens, 86
Bico Doce, 114
Bide (Alcebíades Maria Barcelos), 77, 140
Bide da Flauta, 148
Biju, 120, 198
Bilac, Olavo, 181
Bilhar, Sátiro, 9, 45, 47, 50
Bitelli, Oswaldo, 96

Bittencourt, Luís, 140
Bittencourt, Sérgio, 114
Blanc, Aldir, 184, 188, 203
Bloco do Fala Meu Louro, 37
Bloco dos Boêmios, 64
Bloco dos Parafusos, 43, 52
Bocot, Antônio dos Santos, 27
Boehm, Theobald, 21
Boêmios, Os, 159, 171
Bola Sete, 50, 121
Bollani, Stefano, 211
Borba, Oswaldo, 122
Borges, João Pedro, 174
Bororó, 182
Bosco, João, 184
Botelho, Inácio dos Santos, 169
Botelho, Toni, 148
Botezelli, J. C. (Pelão), 147, 169, 209
Boutman, Simon, 63, 139
Braga, Francisco (Chico dos Hinos), 29
Braga, José Maria, 150, 189
Braga, Leandro, 204
Braga, Luiz Otávio, 112, 126, 150, 174, 177, 189, 191, 210
Braguinha (Carlos Alberto Ferreira), 108, 120, 187, 188
Brito, Alfredo, 116
Brito, Guilherme de, 147
Brito, Raimundo de, 148
Brouwer, Leo, 176
Brown, Carlinhos, 79
Buarque, Chico, 134
Cabral, Oswaldo Passos, 28
Cabral, Sérgio, 13, 60, 160, 147, 174, 209
Cáceres, Oscar, 114
Caçula, 87
Caciporé, Waldir, 114
Cacique de Ramos, 210
Caetano, Pedro, 181, 182, 188
Caetano, Rogério, 206
Caio Márcio, 206
Calheiros, Augusto, 65
Callado, Joaquim Antônio da Silva, 22, 23, 24, 31, 33, 181, 204

Camarero, João, 217
Camargo, Hebe, 94
Camerata Brasil, 196, 212
Camerata Carioca, 81, 130, 131, 157, 173, 174, 175, 176, 177, 179, 196, 197, 201, 212
Camilo, 150
Candinho Trombone (Candido Pereira da Silva), 29, 30, 43, 102, 162
Canhoto (Waldiro Frederico Tramontano), 54, 55, 66, 67, 79, 85, 88, 104, 133, 147, 169, 170, 171
Cantalice, Guilherme, 52
Capelupi, Edmilson, 98
Capiba (Lourenço da Fonseca Barbosa), 31
Carbelli, Adolfo, 63
Cardoso, Elizeth, 175, 176, 152
Cardoso, Moacyr, 164
Carência Afetiva, 192
Carijó, 114
Cariocas, Os, 140
Carioquinhas, Os, 150, 159, 173
Carlinhos Bom-Bril, 149
Carneiro, Minona, 65
Carrasqueira, Antônio Carlos, 98, 204
Carrasqueira, João Dias (Canarinho da Lapa), 160
Carrilho, Altamiro, 25, 85, 88, 112, 116, 209
Carrilho, Álvaro, 112, 116
Carrilho, Maurício, 112, 150, 174, 177, 197, 210
Carter, Benny, 121
Cartola (Angenor de Oliveira), 147, 170, 202
Caruso, Enrico, 139
Carvalho, Beth, 148
Carvalho, Eleazar de, 28, 93
Carvalho, Hermínio Bello de, 130, 173, 186, 188
Carvalho, Ilmar, 13, 209
Cascudo, Luís da Câmara, 16
Castro, Avena de, 110, 148
Cavaco, Canhotinho do, 164

Cavalcante, Tom, 43
Cavalheiro, Omar, 145, 194
Cazes, Beto, 13, 80, 81, 175, 177, 194, 197, 198, 212
Cazes, Henrique, 7, 8, 9, 112, 126, 177, 189, 194, 212, 213
Cazuza (Agenor de Miranda Araújo), 176
Ceça, Dona (Conceição Dias), 154, 155, 156
Centopeia, 163
César, Marco, 157, 158
Chediak, Almir, 207
Chesky, David, 201
Chiquinho do Acordeom, 94, 127, 130, 131, 138, 141, 142, 143, 144, 152, 212
Chiquinho, Maestro, 120
Chopin, Frédéric, 163
Choro Carioca, 43, 51
Choro Club, 201
Choro das Três, 216
Choro Livre, 192
Choro na Rua, 217
Choronas, 216
Choster, Von, 119
Chuca-Chuca, 140
Ciata, Tia, 77
Cincinato do Bandolim, 105, 149, 168, 169
Cinco Companheiros, 48, 88
Cipó, 60, 122
Cláudio Jorge, 170
Cohen, Anat, 216
Coisas Nossas, 164
Compostela, 9
Conceição, Levino Albano da, 92
Conjunto Atlântico, 96, 98
Conjunto Choro Sete, 159
Conjunto Noites Cariocas, 80, 171
Copinha (Nicolino Cópia), 95, 147, 151
Cor do Som, 160
Correia, Raimundo, 181
Costa e Silva, Arthur da, 136
Costa, Claudino, 41

Costa, Gal, 176
Costa, Hamilton, 13, 110, 148
Costa, Pereira da, 183
Costa, Porfírio, 120
Costa, Vitor, 78
Costa, Yamandú, 50, 206, 207
Cruz Cordeiro, 70
Cruz, Arlindo, 140
Cruz, Claudionor, 31, 89, 150, 181, 182
Cruz, Oswaldo, 41
Cunha, Armando, 154
Cunha, Pery, 97
Cuoco, Francisco, 171
D'Amore, Oswaldo, 73
D'Auria, Antônio, 96, 97, 164
D'Ávila, Gilberto, 80, 133, 135, 147
Damázio, 87, 171
Darly, 80, 87, 171
De Paula, 149, 150
Demeur, Jules, 21
Diabos do Céu, Os, 70, 72
Dias, Andrea Ernest, 52, 191, 198, 204
Dias, Beth Ernest, 13, 148
Dias, João, 154, 156
Dias, Odette Ernest, 23, 110, 149, 212
Dias, Sandoval, 121
Didier, Aloísio, 13, 178
Dino Sete Cordas (Horondino José da Silva), 13, 48, 49, 67, 68, 72, 79, 83, 84, 85, 88, 133, 135, 136, 137, 147, 149, 152, 169, 171, 185, 191, 204
Donato, João, 85
Donga (Ernesto dos Santos), 45, 47, 53, 54, 57, 61, 64, 69, 70, 77
Dorenski, Sergei, 114
Dormund, João, 168
Driussi, Antenor, 95
Dupla Pingue e Pongue, 167
Duprat, Rogério, 30
Duque (Antônio Lopes de Amorim Diniz), 57, 58
Durvalina, 113
Dutra, Otávio, 41, 42
Eça, Luís, 142
Edu da Gaita, 142, 143

Elias, 170
Ellington, Duke, 93
El-Salamouny, Ahmed, 202
Ensemble Gurufio, 201
Época de Ouro, Conjunto, 43, 80, 130, 133, 134, 136, 137, 147, 191
Éramos Felizes, 152
Escobar, Ailton, 178
Evandro do Bandolim (Josevandro Pires de Carvalho), 80, 98
Evans, Mr., 63, 99
Fagner, Raimundo, 96
Família Violão, 212
Faria, César (Benedito César Ramos de Faria), 13, 85, 100, 133, 135, 171, 212
Farias, Valério (Roxinho), 100
Faustino, Tio (Faustino da Conceição), 72, 78, 79
Feital, Newton, 169
Feliciano, Túlio, 176
Ferreira, Abel, 86, 146, 147, 149, 151, 210
Ferreira, Djalma, 163
Ferreira, Homero, 171
Ferreira, Rossini, 150, 153, 154, 156, 159, 160, 161
Figueiredo, Marília, 216
Fina Flor do Samba, A, 130, 148, 149
Fon-Fon (Otaviano Romero Monteiro), 120, 163, 171
Fonseca, Ademilde, 110, 183, 184
Fonseca, Hermes da, 30
Formiga, 198
Francheschi, Humberto, 25
Frankel, Isaac, 54
Franklin da Flauta, 124
Frazão, Eratóstenes, 99
Freire, Olegário de Luna, 119
Freitas, Gilson de, 79, 88
Freitas, Laércio de, 144
Frias, Lena, 147, 170
Gadé, 181
Gaia, Hudson (Petit), 95
Gallet, Luciano, 35

Galliano, Richard, 211
Galo Preto, 43, 150
Gandelman, Leo, 211
Gaó, Maestro, 95, 163
Garoto (Anibal Augusto Sardinha), 9, 36, 86, 90, 91, 92, 93, 94, 95, 102, 104, 121, 124, 142, 179
Gaya, Maestro (Lindolpho Gomes Gaya), 160, 164
Gelson, 168
Gente do Morro, 79, 84
Gentil do Pandeiro, 97
Gershwin, George, 120
Gianor, Antônio Edgard, 98
Gil, Carlos, 100
Gil, Manuel, 100
Gil, Max de Menezes, 168
Gil, Natalino, 100
Gino Alfonso, 95
Gnattali, Aída, 142, 143
Gnattali, Radamés, 9, 37, 46, 54, 56, 63, 64, 71, 77, 78, 86, 88, 93, 94, 96, 107, 111, 121, 122, 126, 127, 128, 129, 130, 131, 139, 140, 141, 142, 143, 144, 156, 157, 163, 165, 173, 174, 175, 176, 177, 178, 179, 186, 195, 212
Gnattali, Roberto, 131, 189, 190, 194
Godói, Maria Lúcia, 175
Gomes, Carlos, 31, 39
Gomes, Hércules, 217
Gonçalves, Dercy, 43
Gonçalves, Edgard (Dazinho), 176
Gonçalves, Marcello, 81, 204, 206, 210, 212, 213, 216
Gonçalves, Nelson, 64, 88
Gonzaga, Chiquinha (Francisca Edwiges Neves Gonzaga), 22, 25, 32, 33, 34, 35, 36, 37, 43, 48, 115, 127, 130, 186
Gonzaga, Luís, 88
Gonzaga, Zezé, 144
Goodman, Benny, 63, 119
Gorgulho (Jaci Pereira), 84
Grande Orquestra Brasileira da Rádio Nacional, 141

Grani, Atílio, 95, 99
Grappelli, Stéphane, 94
Grecca, Rafael, 190
Grossi, Gabriel, 206
Grupo Cavaquinho de Ouro, 40
Grupo da Guarda Velha, 71
Grupo do Baianinho, 41
Grupo do Caxangá, 54, 55
Grupo do Louro, 36
Grupo do Sereno, 99
Grupo dos Africanos, 37
Grupo dos Sustenidos, 42
Grupo Fundo de Quintal, 206
Grupo Gente Boa, 48
Grupo Luís de Souza, 43
Grupo Malaquias, 42
Grupo Morro do Pinto, 42, 43
Grupo Novo Cordão, 40, 41
Guaccero, Giovanni, 216
Guarda Velha de Pixinguinha, 48
Guelo, 80
Guerra Peixe, Maestro, 75, 122, 160
Guest, Ian, 175
Gugu, 109
Guidi, Valdir, 98
Guimarães, Francisco (Vagalume), 78
Guimarães, Norival, 86
Guimarães, Paulo, 73
Guinga (Carlos Althier de Souza Lemos Escobar), 13, 170, 188, 197, 202, 203
Guinle, Arnaldo, 57, 58
Gumercindo, 97
Hamilton, 198
Hasté, J. H., 45
Henrique, Carlos, 192
Holanda, Fernando César, 204
Holanda, Hamilton de, 204, 205, 206, 211, 212, 216
Honório, 168
Hora, Rildo, 206, 212
Horta, Luís Paulo, 179
Ingênuos, Os, 157
Izaías e Seus Chorões, 98
J. Thomás, 58, 69
Jacinto, 33

Jackson do Pandeiro, 88
Jacob do Bandolim (Jacob Pick Bittencourt), 36, 45, 80, 86, 98, 99, 100, 101, 102, 103, 104, 105, 108, 110, 113, 114, 147, 148, 127, 128, 129, 130, 131, 132, 133, 134, 135, 136, 137, 153, 154, 155, 156, 157, 162, 167, 169, 170, 171, 172, 173, 174, 186, 190, 192, 195, 197, 200, 201, 202, 209, 210, 211, 212
Jacob e Seu Regional, 133
Jacob e Seus Chorões, 133
Jacob e Sua Gente, 100
Jacomino, Américo, 66
Jaime, 120
Januário, 120
Jararaca (José Luiz Rodrigues Calazans), 64, 65
Jardim, Eugênio, 28
Jazz Leão do Norte, 65
Jazzmania, 203
Jim, 115
Jobim, Tom, 134
Joca, 86
Joel e Seu Ritmo, 167
Jonas (Jonas Pereira da Silva), 132, 133, 135, 136, 137, 171, 185
Jorginho do Pandeiro (Jorge José da Silva), 66, 79, 80, 81, 136
Juca, 148
Julinho, 171
Kalut, Juca, 51
Kaurismaki, Mika, 205, 206
Kessel, Barney, 122, 124
Koch, Paul de, 22
Koeller, Júlio Frederico, 25
Koellreutter, Hans Joachim, 121
Korman, Cliff, 201
Kramer, Bebê, 217
Krassik, Nicolas, 206
Krieger, Aldo, 60
Krupa, Gene, 63
Kubitschek, Juscelino, 50
K-Ximbinho (Sebastião Barros), 120, 121, 164, 211

Lacerda, Benedito, 52, 67, 72, 73, 79, 82, 84, 86, 88, 100, 105, 152, 183
Ladeira, César, 140
Laginha, Mário, 211
Lamour, Dorothy, 79
Leão, Nara, 157, 176
Leite, Carlinhos, 13, 132, 133, 134, 135, 136, 137
Leite, Marcos, 189
Leitte, Dirceu, 204
Lemos, Fafá, 94
Lentine, Carlos, 84, 86
Lentino, Henry, 206
Léo, 168
Lerner, Jaime, 190
Lessa, Rodrigo, 197
Lima, Francisco, 41
Lima, José Alves, 54
Lins, Ivan, 197
Lobo, Edu, 134
Lobo, Gastão Bueno, 91
London, Julie, 122
Lopes, Honorino, 102
Lopes, Marcílio, 194, 199
Lopes, Nei, 22
Louro, 36, 40
Louzada, Darli, 80
Lucília, 25
Lumambo, Romero, 201
Luna, 102, 147
Lyra, João, 157, 197
Macaé, 198
Machado, Afonso, 150, 189, 191, 194, 195
Machado, Lineu de Paula, 61
Maciel, Ed, 198
Maciel, Ivanildo, 157
Maciel, Juventino, 131
Madeira, Maria Teresa, 145
Magalhães, Agamenon, 153
Maia, Alceu, 148
Maia, Luizão, 142
Malaquias, 40
Malavasi, Dorival, 98
Malta, Carlos, 212

Manuel, 120
Marçal, Armando Vieira, 77, 140, 147
Marçola, Waldomiro, 98
Marinho, Luiz, 133
Marino, Alberto, 95
Mário, 150
Mariquinha Duas Covas, 113
Marsalis, Wynton, 211
Marshall, Mike, 186, 201
Martins, Antônio Cardoso (Russo do Pandeiro), 79, 84
Martins, Carlos, 40
Marx, Groucho, 79
Mascarenhas, Mário, 167
Matogrosso, Ney, 152
Mauss, Marcel, 216
Máximo, João, 13, 44, 209
Medeiros, Alfredo, 67, 153
Medeiros, Anacleto Augusto de, 9, 26, 27, 28, 29, 30, 31, 39, 40, 47, 48, 127, 130, 144, 181, 186
Medeiros, Élton, 96
Medeiros, Vivaldo, 159
Meira (Jaime Florence), 65, 66, 67, 68, 72, 84, 85, 147, 169
Menezes, Carolina Cardoso de, 36, 163
Menezes, Osmar, 100
Menezes, Zé, 130, 140, 141, 142, 143, 144
Mesquita, Augusto, 68
Mesquita, Henrique Alves de, 22, 27, 33
Metido, Jorge, 167
Meyer, Paulo Augusto Duque Estrada, 24
Milhaud, Darius, 35
Miltinho, 98
Miranda, Carmen, 61, 67, 79, 93, 99, 184
Miranda, João Pessoa de, 65
Miranda, Leonardo, 204
Miranda, Luperce, 48, 65, 66, 67, 71, 92, 169, 204
Miranda, Romualdo, 64, 65, 154
Mirian, 109
Miro José, 157

Miúcha (Heloisa Maria Buarque de Hollanda), 124
Modern Mandolin Quartet, 201
Molière, Jean-Baptiste, 78
Monteiro, José, 58
Montenegro, Wilton, 211
Moraes, Aquiles, 217
Moraes, Everson, 217
Moraes, Guio de, 88, 120
Moraes, Vinicius de, 91, 134
Moreira, Moraes, 192
Motinha, 114, 115, 150
Motta, Nelson, 170
Moura, Fernando, 212
Moura, Paulo, 9, 13, 31, 110, 122, 151, 152, 157, 174, 210, 211, 212
Mozart, Wolfgang Amadeus, 107
MPB-4, 202
Mu, 160
Murce, Renato, 183
Nardi, Ernesto, 95
Nascimento, Joel do, 13, 112, 114, 129, 130, 146, 151, 157, 166, 167, 168, 169, 170, 172, 173, 174, 177, 190, 197, 202, 204, 210, 211, 212
Nascimento, Joir, 114, 129, 150, 167, 168
Nascimento, Milton, 202
Nascimento, Roberto, 170, 202
Nassif, Luís, 13, 98, 164, 209
Nazareth, Ernesto, 32, 33, 34, 35, 36, 37, 47, 127, 130, 134, 144, 163, 171, 181, 186, 195, 201
Nelsinho, Maestro, 171
Nelson, 65
Nelson Ângelo, 186
Nelson Cavaquinho, 147
Netinho, 120, 198
Neves, Eduardo das, 42, 43
Niemeyer, Oscar, 193
Nimrichter, Marcos, 145
Niquinho, 89
Nó em Pingo D'Água, 9, 80, 159, 196, 197, 210
Nogueira, João, 169, 170, 202

Índice onomástico

Nonô (Romualdo Peixoto), 91
Nosso Choro, 98
Novo Quinteto, 145, 212
Novos Baianos, 147
Nunes, Bené, 86, 163
Nunes, Clara, 171, 176
Oito Batutas, Os, 36, 41, 47, 54, 58, 61, 209
Olinda, 107, 108, 109, 110, 113
Oliveira, Aloísio de, 188
Oliveira, Arthur de, 75
Oliveira, Bonfiglio de, 55, 59, 71, 102
Oliveira, Clementino de, 40
Oliveira, Darci de, 183
Oliveira, José do Patrocínio, 95
Oliveira, Matusalém de, 198
Oliveira, Napoleão de, 168
Oliveira, Samuel de, 206
Oraci, 168
Orestes, Ney, 84
Orquestra Brasília, 212
Orquestra Colbaz, 95
Orquestra Copacabana, 48
Orquestra de Cordas Brasileiras, 194, 195, 196, 212
Orquestra de Cordas Dedilhadas, 157
Orquestra de Fon-Fon, 120, 163
Orquestra de J. Thomás, 69
Orquestra de Música Brasileira, 190, 194
Orquestra do Conservatório de MPB, 190
Orquestra do Teatro Rio Branco, 48, 51
Orquestra Oficina, 189
Orquestra Oswaldo Borba, 122
Orquestra Pan American, 139
Orquestra Pixinguinha, 9, 198
Orquestra Pixinguinha-Donga, 69, 70
Orquestra Retratos do Nordeste, 158
Orquestra Sinfônica Brasileira, 73
Orquestra Tabajara, 118, 119, 120, 183
Orquestra Típica Oito Batutas, 69
Orquestra Típica Victor, 71
Orquestra Victor Brasileira, 48, 71
Oscar Bolão, 112, 140, 145, 198
Oswald, Henrique, 24

Otaviano, 55
Ovídio, 148
Pacífico, João, 188
Pádua, 55
Paganini, Vícollo, 142
Paiva, Vicente, 86
Paixão Cearense, Catulo da, 46, 181, 184
Paixão, Valter, 148
Palmieri, Jacob, 54, 58
Palmieri, Raul, 54, 58
Papito, 197
Papo de Anjo, 98
Paraguassu (Roque Ricciardi), 93
Paraíba, Canhoto da (Francisco Soares de Araújo), 114, 153, 154, 155, 156, 157, 164
Pareschi, Giancarlo, 178
Passarinho, 169
Passos no Choro, 25, 43, 51
Passos, Antônio Maria dos, 25, 40, 43
Paulão, 198
Paulinho do Bandolim, 150
Pedrinho da Vila Isabel (Pedro Galdino), 29
Pedro da Lua (Pedro dos Santos), 80, 133
Pedro II, Dom, 21
Peixoto, Juvenal, 168
Peranzzetta, Gilson, 168
Pereira Filho, 86
Pereira, Agostinho, 29
Pereira, Marco, 50, 202, 204
Pereira, Marcus, 147, 160
Pernambuco do Pandeiro, 80, 98, 148
Pernambuco, João (João Teixeira Guimarães), 46, 47, 50, 54, 92, 181, 186, 196
Peron, Fábio, 211, 217
Perrone, Luciano, 63, 77, 139, 140, 143
Perrone, Maestro Luís, 139
Pesce, Lina, 216
Piazzolla, Astor, 176
Piedade, Maria da, 113
Pimentel, Albertino (Carramona), 29, 30, 31, 40, 42, 43, 181

Pinguim, 100
Pinheiro Machado, 77
Pinheiro, Leila, 188, 197
Pinheiro, Paulo César, 202
Pinho, Amador, 96, 97
Pinto, Gérson Ferreira, 150, 161
Pinto, Lauro Henrique Alves, 164
Pires Vermelho, Alcyr, 120, 150
Pires, Edvar de Almeida (Piranha), 100
Pitanga, Otaviano, 87
Pixinguinha (Alfredo da Rocha Viana Filho), 9, 17, 25, 29, 30, 31, 40, 44, 47, 48, 51, 52, 53, 54, 55, 56, 57, 59, 60, 61, 62, 64, 67, 69, 70, 71, 72, 73, 74, 75, 77, 78, 86, 88, 110, 114, 127, 129, 130, 134, 135, 144, 152, 157, 162, 164, 168, 170, 176, 179, 185, 192, 198, 200, 201, 204, 209, 210, 211, 212, 216
Plínio, 120
Pontes, Silvério, 31, 151, 153, 210, 212, 217
Powell, Baden, 68, 80, 122, 134
Poyares, Carlos, 88
Prata, Sérgio, 13, 105, 209
Quadros, João, 115
Quaresma, Rui, 148
Quarteto Continental, 141
Quarteto da Escola de Música da UFRJ, 171
Queiroz, Iza, 23
Quincas Laranjeira (Joaquim Francisco dos Santos), 45, 46, 47, 50, 51, 181
Quinteto Radamés, 138, 139, 141, 144, 145
Quinteto Villa-Lobos, 171
Rabello, Luciana, 150, 174
Rabello, Raphael, 49, 50, 68, 96, 122, 126, 131, 144, 150, 152, 174, 192, 196, 203, 204, 210, 211, 212
Rago, Antônio, 92, 96
Ramalho Neto, 129
Ratinho (Severino Rangel de Carvalho), 64, 65, 211
Rava, Enrico, 203

Reco do Bandolim (Henrique Lima Santos Filho), 192, 193
Regina, Elis, 134, 202
Regional Carioca, 206
Regional de Benedito Lacerda, 79, 82, 84, 101
Regional do Canhoto, 79, 85, 88, 133, 210
Regional do Felinho, 154
Rego, Érica, 64
Reichau, Von, 30
Reichert, Mathieu-André, 21, 22, 23, 24
Reinhardt, Django, 94
Reis, Dilermando, 46, 48, 49, 50, 107, 108
Reis, Ernani, 154
Reis, Mario, 79
Reis, Norival, 103, 108
Rian, Bruno, 204
Rian, Déo, 13, 80, 137, 166, 167, 168, 169, 170, 171, 172, 204, 212
Ribas, J., 61
Ribeiro, Fernando, 102
Ribeiro, Geraldo, 42
Rielli, José, 95
Rio Antigo, 152, 159
Risadinha (Moacir Machado Gomes), 109
Robledo, Josefina, 47
Robson, 67
Rocha, Casemiro, 28, 40, 41, 183
Rocha, Mauro, 150
Romanazzi, Alexandre, 204
Ronaldo do Bandolim, 81, 134, 172, 210
Roquette Pinto, 61
Rosa, Noel, 46, 79
Rosa, Walter, 120
Rossetti Batista, Marta, 61
Rossi, Alberto, 102, 103
Russo and the Samba Kings, 79
Ruy Fabiano, 156, 192
Sá, Francisco (Chiquinho), 108, 167
Saboya, Carol, 188
Sacramento, Paulino, 29, 51
Sales, Esmeraldino, 96

Salvador, 163
Salviano, 169
Sandes, Wilson, 154
Santiago, Daniel, 206
Santoro, Dante, 86, 137
Santos Coelho, 42
Santos Dumont, Alberto, 61
Santos Neto, Jovino, 201
Santos, Benedito, 154
Santos, João dos, 92
Santos, Jorge, 108
Santos, Moacyr, 31, 122
Santos, Paulo Sérgio, 126, 197, 203, 211, 212
Santos, Sizenando (Feniano), 58
Santos, Turíbio, 47, 174, 204
Sasago, Shigeraru, 201
Saturnino, 22
Sawada, Jyoji, 201
Sax, Adolf, 28
Sergi, Francisco, 120
Seve, Mário, 191, 197
Severiano, Jairo, 13, 44, 209
Sexteto Bertorino Alma, 95
Sexteto Brasileiro, 197, 212
Sexteto Capibaribe, 157, 158
Shakespeare, William, 78
Siles (Wanderley Taffo), 96
Silva, Celsinho, 80, 174, 197
Silva, Celso, 150
Silva, Clodoaldo Coelho da, 80, 98
Silva, Jessé, 160
Silva, Luís Pinto da, 54, 58
Silva, Orlando, 70, 88, 182, 183
Silva, Patápio, 8, 24, 25, 40
Silva, Romeu, 63
Silva, Viriato Figueira da, 22, 23, 181
Silva, Walfrido, 181
Silveira, Orlando, 83, 88, 94, 96, 170
Sílvio Caldas, 91, 182, 183
Sílvio, 109
Sinhô (José Barbosa da Silva), 37, 51, 53, 84
Siqueira, José, 122
Sivuca (Severino Dias de Oliveira), 160
Six, 110
Soares, Alessandro, 13, 158
Soares, Jayme, 96, 97
Soares, Osmundo, 154
Sonoroso de Natal, 157
Sotto, Cristóbal, 131, 200, 202
Souto, Eduardo, 102
Souza, Luís de, 28, 31, 40, 51, 181
Souza, Rogério, 197
Souza, Tárik de, 13, 160
Stretton, Gordon, 63
Suzano, Marcos, 80, 81
Taborda, Marcia, 191
Tatum, Art, 93
Tavares, Maestro Mário, 178
Teixeira, Patrício, 99
Terror dos Facões, 41
Tibiriçá, Roberto, 73
Tico-Tico, 136
Tinhorão, José Ramos, 17, 147, 160, 162, 164, 170
Tira Poeira, 206
Tiso, Wagner, 176
Tozinho, 154, 158
Trepiccioni, Ernesto, 95
Trinca, Orlando, 122
Trio Carioca, 63, 121
Trio Madeira Brasil, 81, 199, 210
Trio Miranda, 65
Trio Surdina, 9, 94, 142
Tupinambá, Marcelo, 43
Turma do Sereno, 86
Turunas da Mauriceia, 65
Turunas Paulistas, Os, 92
Turunas Pernambucanos, 64, 65, 83
Tute (Arthur de Souza Nascimento), 43, 48, 51, 53, 67, 84
Valdés, Chucho, 211
Valença, Rosinha de, 134
Valentina, Dona, 99
Valzinho (Norival Carlos Teixeira), 86, 144
Vasconcelos, Ary, 16
Velhinhos Transviados, Os, 141
Velloso, 136

Vespar, Geraldo, 142
Viana, Alfredo, 51
Vianna, Hermano, 9, 69, 218
Vianny, Alex, 75
Vidal, Pedro, 122, 142, 143, 144
Vila, Martinho da, 174, 206
Vilaverde, Darci, 50
Vilela, Milton, 183
Villa-Lobos, Heitor, 9, 16, 25, 27, 31, 46, 47, 51, 171, 176, 186, 195
Viola, Paulinho da, 80, 92, 96, 110, 147, 152, 176, 182, 197, 212
Vivaldi, Antonio, 166, 174, 179, 212
Vogeler, Dalton, 13, 109, 140, 170, 171
Vogeler, Henrique, 163
Voltaire, 87
Voz do Sertão, 65, 67, 83
Waldemar, 86
Weber, 114
Williams, Esther, 73, 79, 63
Wilson, Teddy, 63
Xavier, Seu, 167
Zacharias e sua Orquestra, 122
Zaremba, Lilian, 13, 83, 189
Zé Barbeiro, 98
Zé Bode (José Gomes), 114, 150
Zé Bodega, 96, 120, 12, 122
Zé da Garfanha, 114
Zé da Velha (João Alberto Rodrigues Matos), 146, 151, 152, 210, 212, 217
Zé do Carmo (José Cezar de Lima), 153, 154, 155, 156
Zé Pitiu, 154
Zeca Pagodinho, 206
Zélia, Dona, 116
Zezinho Pitoco, 98

CRÉDITOS DAS IMAGENS

Acervo do Corpo de Bombeiros do Estado do Rio de Janeiro: p. 26
Arquivo Funarte: 4ª capa
Arquivo Henrique Cazes: pp. 49a, 55b, 66a, 72b, 76, 82, 85b, 87, 90, 112, 118, 126, 138, 143, 146, 166, 200
Arquivo Izaías Bueno de Almeida: p. 97
Arquivo Jacob do Bandolim, MIS/RJ: p. 11
Arquivo Joel Nascimento: p. 66b
Arquivo Olinda Azevedo: p. 106
Arquivo Sérgio Prata: pp. 55a, 59, 72a, 74, 85a, 132, 155, 185
Arquivo Tárik de Souza: p. 101
Câmera Três: pp. 151a, 177b
Janine Houard: pp. 123, 151b
Lucena: p. 161
Marco Foster: p. 205b
Michel Petit: p. 205a
Paulinho Muniz: p. 194a
Zeka Araújo: p. 194b
Reprodução: pp. 13, 32a, 32b, 38, 177a
Reprodução *Music Magazine*, Japão: p. 14
Reprodução *Revista Illustrada*, 1880: p. 20
Wilton Montenegro: p. 49b

Todos os esforços possíveis foram feitos para se determinar
a autoria das fotos usadas neste livro. Uma vez localizados os fotógrafos,
a editora imediatamente se dispõe a creditá-los nas próximas edições.

Este livro foi composto em Sabon, pela Bracher & Malta, com CTP e impressão da Bartira Gráfica e Editora em papel Alta Alvura 90 g/m² da Cia. Suzano de Papel e Celulose para a Editora 34, em abril de 2021.